**Gilson Souto Maior Junior**

# Pai Nosso

Gilson Souto Maior Junior

# Pai Nosso

## Cinco concepções de Deus na oração de Jesus

CREDO EDICIONES

**Imprint**
Any brand names and product names mentioned in this book are subject to trademark, brand or patent protection and are trademarks or registered trademarks of their respective holders. The use of brand names, product names, common names, trade names, product descriptions etc. even without a particular marking in this work is in no way to be construed to mean that such names may be regarded as unrestricted in respect of trademark and brand protection legislation and could thus be used by anyone.

Cover image: www.ingimage.com

Publisher:
CREDO EDICIONES
ist ein Imprint der / is a trademark of
International Book Market Service Ltd., member of OmniScriptum Publishing Group
17 Meldrum Street, Beau Bassin 71504, Mauritius

Printed at: see last page
**ISBN: 978-613-1-77639-7**

# Sumário

# Dedicatória

Dedico esse trabalho a pessoas que amo. À minha esposa, Shirlei, uma bênção de Deus que tem sido fundamental à minha vida e ministério. Aos meus pais, Gilson e Robéria, fundamentais para a formação de meu caráter e aqueles que são exemplos para minha vida. Aos meus sogros, Ady e Lídia, que me aceitaram em sua família e cuidam de mim como um filho. E finalmente, à minha querida avó Irene, minha primeira professora da Escola Bíblica, um exemplo de amor pela Bíblia.

## UMA PALAVRA ANTES DE TUDO!

Essa é a terceira edição desse livro, mas agora bem revisado. Inicialmente foi uma série de sermões pregada na Primeira Igreja Batista de Botucatu/SP e depois adaptada para um formato de livro. Depois de dezessete anos da primeira edição, muita coisa precisava ser acertada, de modo que essa edição procurou melhorar aquele primeiro texto tanto na formatação quanto no conteúdo. No entanto, sua ideia primeira não foi abandonada: ser um texto de estudo para o povo de Deus.

Há muitas noções sobre a oração, mas será que elas estão biblicamente fundamentadas? Sabemos orar? O que é orar? Como posso saber se estou orando de forma correta? Se Deus é Soberano, e tudo está sob Seu controle, será que vale a pena orar? Por isso queremos fazer uma caminhada sobre este campo visando nos ajudar a compreender a correta visão da oração.

Nossa visão é sempre glorificar o Criador e humilhar a criatura. Mas a tendência natural, e hoje pode ser sentida de uma forma mais enfática, é engrandecer a criatura e desonrar e aviltar o Criador. Por todos os lados se descobrirá que, quando se trata das coisas espirituais, o aspecto e o elemento humano é objeto de ênfase, enquanto o aspecto divino, se não se ignora totalmente fica pelo menos relegada a um segundo lugar. E justamente nisso, podemos aplicar a grande parte dos ensinamentos modernos acerca da oração. Em grande parte dos livros e pregadores que lemos e ouvimos, e fala sobre a oração, o elemento humano chega a ser imenso em suas abordagens. Senão, vejamos. O que se prega por aí sobre oração?

Muitos falam hoje em dia de que as pessoas precisam cumprir algumas condições. Por exemplo, há livros que falam da oração como "escudo", para proteger pessoas. Interessante que a Bíblia fala de que o escudo do crente é a fé. Outro livro que pesquisei dizia no título: "O caminho da Oração – Como orar com grandiosidade e poder". Outro título dizia o seguinte: "A energia da Oração". Bem estranho. Outro tem uma visão mais de física que espiritual: "As leis dinâmicas da oração". Essa visão de cumprir regras ou normas na oração não se enquadra a uma visão bíblica. É certo que a Bíblia apresenta algumas posturas e condições da oração, mas orar não é como receita de bolo.

Outra coisa estranha ao ensino bíblico é a ideia que temos de "tomar posse". Quantos não pensam que fazer exigências a Deus é algo correto. Termos como: conversão, arrependimento, regeneração, justificação, propiciação, dentre outros, estão sendo substituídos por: decretar, maldição, reivindicar, apossar-se, tomar posse da bênção, entre outros.

Infelizmente, assuntos como, O que Deus falou; os direitos de Deus; e a glória de Deus, são assuntos que recebem pouca ou nenhuma atenção. O que se ensina sobre oração hoje em dia? Vejamos alguns temas e frases:

- **A oração que mudou o propósito de Deus.** Isso é uma pregação de Silas Malafaia[1]. Uma Pergunta: Desde quando Deus muda Seus propósitos? Ele mudou ou guiou o ser humano a orar em conformidade com Sua vontade?
- **Mapeamento espiritual com oração.** A oração vista como uma arma de guerra. Pergunta: Desde quando temos que orar para "mapear" as áreas que estão sob o domínio de Satanás, para que ele seja repreendido? Não diz a Bíblia que o mundo jaz no maligno? Quem vencerá o mal de forma definitiva? O problema desta visão é que muitos crentes, ao invés de manterem uma comunhão de amor com o Senhor na oração, vivem angustiados na oração num tipo de *Age of Empire* espiritual.
- **A divina revelação de oração.** A oração vista como o mapa mágico da felicidade. Na sinopse do livro diz assim: "A autora de diversos best-sellers Mary K. Baxter compartilha nesse livro diversas visões e revelações a cerca do poder da oração". Pergunta, só uma: A Bíblia deixou de ser a revelação e ponto fundamental da fé, de modo que necessitamos de "outra revelação"?

Qual o risco que muitos correm? Muitos acreditam que a vida humana pode ser mudada por meio da oração, ou seja, Deus muda as coisas quando as pessoas oram. Estes pregadores ensinam que não devemos ser fatalistas, mas exercer a vontade de Deus por meio da oração. Será que é assim mesmo?

Dizer que a vida humana pode ser mudada e moldada pela vontade do homem é uma heresia terrível. Este engano tem produzido muitas frustrações e angústias. Se Deus pode mudar Sua vontade quando alguém ora, então Ele não é imutável. Ora, se Ele muda, como podemos confiar Nele? Dizer que Deus tem ordenado que a vida humana pode ser mudada pela vontade humana é algo absolutamente falso. O que determina a vida humana é se ele nasce de novo ou não, pois está escrito: "Quem não nascer de novo não pode ver o Reino de Deus" (João 3:3). E quanto a responsabilidade humana do novo nascimento, diz a Escritura: "Os quais não nasceram do sangue, nem da vontade da carne, nem da vontade do homem, mas de Deus" (João 1:13). Dizer que a vida humana pode ser mudada pela vontade humana, é fazer da vontade humana suprema, ou seja, destronar a Deus e sua glória. Mas, o que diz a Escritura? "O SENHOR é o que tira a vida e a dá; faz descer à sepultura e faz

---

[1] http://agradatedosenhor.blogspot.com.br/2011/05/oracao-que-mudou-o-proposito-de-deus.html

subir. O SENHOR empobrece e enriquece; abaixa e também exalta. Levanta o pobre do pó e, desde o monturo, exalta o necessitado, para o fazer assentar entre os príncipes, para o fazer herdar o trono de glória; porque do SENHOR são as colunas da terra, e assentou sobre elas o mundo" (1Samuel 2:6-8).

Em geral, as pessoas creem que a Oração muda às coisas. Ou seja, na oração, podemos persuadir Deus de modo que Ele mude de propósito. Por isso que ouvimos frases do tipo: "Tome posse das promessas"; "Você é filho de Deus"; "Deus é Pai não é padrasto"; "Exija sua bênção". Será mesmo assim? Será que na oração colocamos "Deus na parede"? A oração muda às circunstâncias?

Dois textos de Paulo na carta aos Efésios são esclarecedores: "nele, digo, no qual fomos também feitos herança, predestinados segundo o propósito daquele que faz todas as coisas conforme o conselho da sua vontade" (Efésios 1:11). Outro texto também na mesma carta: "segundo o eterno propósito que estabeleceu em Cristo Jesus, nosso Senhor" (Efésios 3:11). Que interessante, fala-se de um "propósito daquele que faz todas as coisas conforme o conselho da sua vontade" e de um "eterno propósito". Muito interessante!

Ora, se a vontade da criatura é suprema, e Deus está sujeito a mudanças porque as pessoas oram, então ou a Escritura está errada ou os seres humanos estão, pois como diz Paulo pelo Espírito Santo: "Quem, pois, conheceu a mente do Senhor? Ou quem foi o seu conselheiro?" (Romanos 11:34).

Tais pensamentos acerca da oração surgem por causa de um indigno e insuficiente conhecimento de Deus. Existe pouco consolo, quem sabe nenhum, pensar em orarmos a um Deus parecido com um camaleão, que muda de cor diariamente. Que consolo há em levantar nossos pensamentos a um Deus que hoje pensa uma coisa e amanhã outra? Acaso não é a imutabilidade de Deus a razão porque oramos? Como disse Lutero: "A oração não é vencer a relutância de Deus, mas confiar em sua boa vontade".

Isto nos leva a fazer algumas perguntas sobre o designo da oração: Por que Deus quer que oremos? A imensa maioria das pessoas responderia: "Para que possamos obter de Deus o que necessitamos". Bem, isso é um dos propósitos da oração, mas não é o principal. Além do mais, isto equivale a considerar a oração do ponto de vista humano, o qual cria a triste necessidade e urgência de contemplar a oração do ponto de vista divino.

**A oração é um mandamento para que o Senhor seja honrado**. O Senhor deseja que o reconheçamos como "o Alto, o Sublime, que habita a eternidade, o qual tem o nome de Santo" (Isaías 57:15). Deus exige que confessemos Seu domínio universal; quando pediu ao Senhor que chovesse, Elias não fez outra coisa, senão confessar Seu controle sobre os elementos; ao orar pedindo a Deus que livre o pecador da ira vindoura, reconhecemos que "Ao SENHOR pertence a salvação!" (Jonas

2:9); ao suplicar Sua bênção ao Evangelho, de modo que alcance até o último homem da terra, declaramos Sua soberania sobre todo o mundo.

Assim mesmo, Deus exige que O adoremos, e a oração, a verdadeira oração, é um ato de culto. A oração é um culto, posto que é um prostrar-se da alma diante dEle; posto que é invocar Seu nome Santo e Grande; posto que é confessar Sua bondade, Seu poder e Sua imutabilidade, Sua graça; posto que é o reconhecimento de Sua soberania confessada ao submeter-se à Sua vontade. É muito significativo observar, neste aspecto, que Cristo não chamou ao templo de casa de sacrifício, mas Casa de Oração.

**A oração é para nossa bênção espiritual, como meio para crescermos na graça.** Enquanto estamos aprendendo sobre oração e seu desígnio, deveríamos prestar atenção sempre neste aspecto antes de pensar na oração como um meio de obter satisfação de nossas necessidades. Deus tem designado a oração para a nossa humilhação. A oração, a verdadeira oração, é se colocar diante da presença de Deus, e a experiência de Sua imensa majestade produzem em nós o pleno conhecimento de nossa nulidade e indignidade. Assim mesmo, a oração tem sido designada por Deus para o exercício de nossa fé. A fé é originada pela Palavra (Romanos 10:17), mas é exercitada pela oração; por isso lemos da "oração da fé" (Tiago 5:15). Assim mesmo, a oração leva o amor à prática. Do hipócrita se diz: "Deleitar-se-á o perverso no Todo-Poderoso e invocará a Deus em todo o tempo?" (Jó 27:10). Mas os que amam ao Senhor não podem ficar muito longe dEle, porque se deleitam em lançar sobre Ele seus pesares. Não somente a oração leva o amor à prática, mas também, pelas respostas dadas a nossas orações, nosso amor a Deus aumenta; é incrementado: "Amo o SENHOR, porque ele ouve a minha voz e as minhas súplicas" (Salmo 116:1). Além disso, a oração tem sido designada por Deus para nos ensinar o valor das bênçãos que temos buscado Nele, fazendo com que nos alegremos mais naquilo que Ele nos concede do que naquilo que havíamos pedido.

E finalmente, **A oração é para que busquemos em Deus aquilo que necessitamos**. Mas aqui encontramos uma dificuldade que devemos observar. Se Deus, antes da fundação do mundo, tinha preordenado tudo que ocorre dentro do tempo, então, de que serve a oração? Se é certo que "dele, por ele e para ele são todas as coisas" (Romanos 11:36), por que orar? Antes que contestemos diretamente estas questões, convém indicar que existem as mesmas razões para perguntar: De que serve comparecer diante de Deus e lhe diga o que já sabe? De que serve apresentar minha necessidade se Ele já a conhece? De que serve orar por uma coisa se tudo tem sido ordenado de antemão por Deus?

A oração não tem por objetivo informar a Deus (como se Ele não soubesse das coisas, já que o Senhor declarou que o Pai já sabe de todas as coisas que nós lhe pedimos – Mateus 6:8); A oração é para que reconheçamos que Ele já sabe das coisas que necessitamos. A oração não tem sido designada para que Deus possa saber do que necessitamos, mas é uma confissão a Deus de nossa experiência da necessidade. Em tudo isso, percebemos que os nossos pensamentos não são os mesmos de Deus. O Senhor quer que busquemos as Suas dádivas. Deus tem proposto que lhe honremos pedindo-lhe, da mesma maneira que temos de dar graças depois de Ele conceder Suas bênçãos.

Entretanto, voltamos à questão: Se Deus tem predestinado tudo o que acontece, e se controla todos os acontecimentos, não será a oração pouco proveitosa? Esta pergunta tem uma resposta suficiente: Oramos porque Deus nos manda orar: "Orai sem cessar" (1Tessalonicenses 5:17). Jesus falou "[...] uma parábola sobre o dever de orar sempre e nunca esmorecer" (Lucas 18:1). A Bíblia também fala que "a oração da fé salvará o enfermo, e o Senhor o levantará [...]" (Tiago 5:15), pois, "[...] Muito pode, por sua eficácia, a súplica do justo" (Tiago 5:16).

Aliás, este texto é tomado por base como se o poder da oração estivesse ligado ao empenho humano. Na verdade, a expressão grega aparece assim: **Πολὺ** (Muito) **ἰσχύει** (poder, capacidade) **δέησις** (oração) **δικαίου** (justo) **ἐνεργουμένη** (trabalho, operação, ser efetivo). Ou seja, a oração tem sua capacidade na postura do justo. A pergunta a ser feita é a seguinte: **Como o justo ora?** A resposta é simples: **Ora segundo a vontade de Deus**.

O Senhor Jesus é o nosso exemplo supremo em todas as coisas, e isso se aplica também na oração. Podemos dizer que Ele foi um Homem de Oração. Fica evidente que a oração não carece de significado nem de valor. E é isso que a oração do Pai Nosso ensina: dependência de Deus e a glória ao Seu nome.

Minha oração é que esse texto lhe sirva para abrir os olhos do coração e ver a oração mais como um momento prazeroso aos pés de Deus e menos utilitarista.

Fraternalmente em Cristo!

Halluin, 03 de julho de 2018.

# INTRODUÇÃO

"Portanto, orai deste modo: Pai nosso que estás no céu, santificado seja o teu nome; venha o teu reino, seja feita a tua vontade, assim na terra como no céu; o pão nosso de cada dia nos dá hoje; e perdoa-nos as nossas dívidas, assim como também temos perdoado aos nossos devedores; e não nos deixes entrar em tentação; mas livra-nos do mal. Pois teus são o reino, o poder e a glória, para sempre. Amém.)" Mateus 6:9-13

O Pai Nosso é uma bela oração que por causa da cultura católica de nosso país, tornou-se uma reza repetida milhares de vezes sem nenhuma consciência. Por outro lado, os evangélicos, receosos de caírem na forma católica de rezar, rejeitaram a repetição dela, esquecendo-se de meditar naquilo que Dallas Willard chama de "A maior de todas as orações" (WILLARD, 1998, p. 281).

Cada vez que leio a oração do "Pai nosso", fico a pensar na profundidade de cada palavra. Embora seja muito conhecida, esta oração é pouco refletida. Em geral as pessoas têm duas atitudes para com esta oração ensinada por Jesus: A primeira atitude é um tanto mágica e geralmente isto acontece com aqueles que, para perdão de pecados, sucesso no trabalho ou no jogo, na morte de alguém e até para falar com Deus, usam o "Pai nosso". A ideia de repetição da oração como forma de Deus ouvir e se compadecer do penitente é quase que geral. Parece que Deus é alguém tão severo que, se não houver súplica (e aí vem à repetição) Deus não ouve. É bem engraçado perceber jogadores de futebol recitando o "Pai nosso" antes ou depois de cada jogo. Como diria John Stott, "[...] a verbosidade é um abuso da própria natureza da oração, rebaixando-a de um real e pessoal acesso a Deus a uma mera recitação de palavras" (STOTT, 1989, p.145-6). Esta atitude não reflete o ideal de Jesus. Quem age desta forma anda na ignorância espiritual, não conseguiu perceber a profundidade da oração e não sabe o que é orar.

A segunda atitude é a de desprezo. E isto acontece em nossos arraiais. Porque nos foi ensinado que, orar o "Pai nosso" é "vã repetição", é antibíblico e não podemos ficar repetindo esta oração. Isto parece exagero, mas acontece. A verdade é que muitos de nós conhecemos esta oração, mas poucos já pararam para refletir sobre o que Jesus queria ensinar aos discípulos. Não estou falando aqui de que em todos os cultos devemos recitar o "Pai nosso". Mas bem poderíamos deixar o preconceito de lado, examinarmos bem o que Jesus orou e tomarmos como exemplo. De vez em quando é bom orarmos o "Pai nosso" para lembrarmos daquilo que Jesus nos ensinou.

Mas a grande questão não é simplesmente as atitudes em relação ao "Pai nosso" e sim em relação à oração. Os discípulos pedem a Jesus: "Senhor, ensina-nos a orar [...]" (Lucas 11:1). Eles perceberam que os discípulos de João foram ensinados a orar e desejavam que o Mestre também os ensinasse. O mais belo neste texto está no verso seguinte, quando diz: "Ele então lhes falou: Quando orardes, dizei [...]". O que isto quer nos mostrar? Jesus atende ao desejo daquele que quer saber um pouco mais. A oração do "Pai nosso" é Jesus ensinando aos discípulos princípios básicos da oração.

Hoje quero me deter apenas numa frase: "Portanto, orai deste modo [...]" (Mateus 6:9a). Fica evidente que o Senhor não apenas queria advertir seus discípulos sobre os perigos que envolvem a prática da oração, mas também desejou dar orientações positivas quanto essa prática. Para o Senhor Jesus os hipócritas gostavam de ser vistos e ouvidos pelos outros, pessoas que pensavam mais em si mesmos e no que os outros pensavam deles. No entanto, o Senhor nos diz que devemos orar em secreto, a sós com Deus, dedicando a Ele toda nossa atenção. É nesse contexto que Jesus passa a ensinar o método certo da oração.

A oração é a mais sublime atividade da alma humana, o clímax da sua experiência pessoal, quando está de joelhos face a face com Deus. Dar esmolas é uma prática excelente, uma nobre atividade, quando alguém se sente impelido de ajudar o próximo. Jejuar também é nobre, quando uma pessoa submete à disciplina sua vida e não age como um animal às demandas de seus instintos. Mas diante da oração essas atividades perdem seu brilho, pois não há nada mais nobre e digno do que uma pessoa ocupada em orar. Como disse Martyn Lloyd Jones: "Quando um homem está conversando com Deus, encontra-se no seu zênite espiritual" (JONES, 2014, p. 333).

Sejamos sinceros, dar esmolas não é tão difícil. Há muitos incrédulos que são verdadeiros filantropos e não conhecem a Deus. Parece que algumas pessoas já nasceram com um desejo de ajudar os necessitados. Há muitas pessoas no mundo que não conhecem a Deus e são extremamente disciplinadas. Mas uma coisa é certa: **É mais fácil pregar no púlpito do que orar.** É mais fácil falar com meus semelhantes do que falar com Deus. Por isso, descobrimos a verdadeira condição espiritual da nossa vida quando estamos sozinhos com Deus. A oração é o mais profundo teste da nossa condição espiritual, pois quando estamos sozinhos com Deus, isso exigirá autenticidade. Dallas Willard diz em seu livro "A conspiração divina": "Quando oramos, entramos no mundo real, na substância do reino, e o nosso corpo e a nossa alma passam a operar pela primeira vez como foram criados para operar" (WILLARD, 1998, p. 281).

Quando o Senhor diz, "Portanto, orai deste modo [...]", Ele está orientando Seus discípulos sobre a forma correta de orar. João Batista ensinou seus discípulos a orar, pois essa era uma prática comum entre os judeus. Os discípulos de Cristo também sentiram essa necessidade de aprender a orar, pois eles sabiam que João tinha ensinado seus discípulos e também observaram a vida de oração do próprio Senhor Jesus (cf. Marcos 1:35; Lucas 11:1). Ora, se o Senhor acordava de madrugada para orar e passava noites em oração, o que tanto Ele tinha para falar com Deus? Por que não conseguimos orar cinco minutos? Essa consciência da dificuldade natural, instintiva e inicial que os discípulos tinham nós também temos. Ao suplicarem, "*Senhor, ensina-nos a orar* [...]", eles estavam dizendo: "Queremos orar como o Senhor".

Portanto, é necessário destacar algo muito importante nessa oração tão conhecida: **A oração é um modelo.** O Senhor Jesus deixa isso evidente quando diz: "Portanto, orai deste modo [...]". É interessante que essa oração abrange tudo o que é necessário numa oração verdadeira. No entanto, essa oração não foi dada para servir de repetição inconsciente e mecânica.

Em virtude da influência católica romana, nosso povo foi ensinado a rezar. É interessante que nos dicionários, rezar e orar são quase sinônimos. Entretanto, o que poucos sabem, é que rezar e orar, etimologicamente falando são diferentes. Um exemplo disso encontramos na Didaquê[2] traduzida em português, onde orar foi traduzido como rezar, termo que essa obra desconhecia. **Rezar vem do latim *recitare*, palavra distinta de "orar", do latim *orare*.** Quando Jerônimo (século IV d.C.) traduziu a Vulgata, verteu o grego *proseuchomai* (προσεύχομαι) por *orare* (orar) e não por *recitare* (rezar). Rezar não é uma palavra do vocabulário do Novo Testamento. O que são as rezas? São recitações que não precisam da intervenção do pensamento consciente, pois são decoradas. Nessa ação não há nenhuma conotação bíblica de oração.

A oração do Pai Nosso é um modelo, pois ela contém todos os princípios basilares da oração. É como uma estrutura, um esboço em que é preenchida. Qualquer repetição será uma forma incoerente, à semelhança do que ocorreu com os 450 profetas de Baal (1Reis 18:24-39). É interessante notar que a Didaquê orientava os cristãos a orar o Pai Nosso três vezes ao dia; muito semelhante ao costume judaico de orar três vezes ao dia. Alguém poderia questionar: É errado fazer essa oração? Carson diz o seguinte:

> Não é necessariamente mau, como não é necessariamente mau repeti-la em uníssono nos cultos em nossas igrejas. Mas nunca devemos fazê-lo sem pensar, e devemos lembrar que o próprio Jesus concebeu a oração como um modelo: Ele ensina como orar (6:9a), não o quê orar. (CARSON, 1999, p. 66).

Agostinho diz:

> Percorrei todas as orações registradas nas Sagradas Escrituras; não creio que possais encontrar uma só que não esteja incluída e compendiada nesta oração dominical. (AGOSTINHO).

Portanto, não é o texto recitado de forma aleatória, sem reflexão que devemos fazer. Na repetição sem intervenção do pensamento somos meros autômatos; não há oração. Como diz o Pr.

---

[2] A Didaquê (Διδαχή), que significa "doutrina, ensino instrução", foi uma obra do século II d.C. (aproximadamente 120 d.C.) e essa data é a mais aceita. Era conhecida como *Didaché Kyriou dia tôn dôdeka apostolôn* (Διδαχή κυρίου διά των δώδεκα αποστόλων), ou seja, O ensino do Senhor através dos Doze Apóstolos. O título é baseado em Atos 2:42 e alguns outros estudiosos datam essa obra entre os anos 50 e 70 d.C.

Pedro Moura: "E o Pai Nosso não se presta a rituais alheios ao foco do modelo, que é a adoração genuína a Deus, e a busca por tudo quanto lhe agrada. Esse tipo de recitação não tem qualquer proveito para o orador. É como uma ladainha" (MOURA, 2012, p. 38).

Assim, queremos terminar essa introdução com uma pergunta dividida em duas: **Como e sobre o que devemos orar?** Compreender isso é a chave para a oração bem-sucedida.

Qual o problema de muitas de nossas orações? O problema se encontra no fato de que a abordagem da oração é errada, e muitos não percebem isso. Nossa tendência egocêntrica é tão grande que quando nos dobramos em oração perante Deus, pensamos apenas em nós mesmos, em nossas dificuldades e em nossas perplexidades. É quase automático, pois começamos a falar sobre nós mesmos. Certamente não é essa a postura de quem se aproxima de Deus.

**Como devo orar?** A primeira coisa é a seguinte: Ponha a mão na boca antes de orar e pense no que vai dizer. Antes de orarmos deveríamos fazer isso. Jó em sua miséria e sofrimento disse muita coisa, inclusive que Deus não lhe escutava (cf. Jó 30:20). Os sentimentos de Jó foram expressos com tamanha liberdade que ele acusava Deus de não ter tratado-o com gentileza e justiça. O povo de Israel, diante da tragédia do exílio achava que Deus não se importava com eles (cf. Isaías 40:27; 58:3).

Mas, o que ocorreu com Jó? Quando Deus começou Sua exposição e questionou a Jó sobre quem Ele era e quem era Jó, rapidamente o patriarca respondeu: "Eu não sou digno; que te responderia? Pelo contrário, tapo a boca com as mãos" (Jó 40:4). E o que disse o profeta aos filhos de Israel? "Não sabes? Não ouviste que o eterno Deus, o SENHOR, o Criador dos confins da terra, não se cansa nem se fatiga? O seu entendimento é insondável" (Isaías 40:28). E quando os judeus acusavam Deus de não versa us obras de piedade, o Senhor falou por meio do profeta: "Então clamarás, e o SENHOR te responderá; gritarás, e ele dirá: Aqui estou. Se tirares o jugo, o dedo acusador e o falar com falsidade do meio de ti" (Isaías 58:9).

Precisamos nos calar antes de orar. Como disse Martyn Lloyd Jones: "[...] por mais estranho que isso lhe pareça, a verdade é que só começamos a orar quando nada mais podemos dizer [...]" (JONES, 2014, p. 338). Sim, precisamos por a mão na boca para começar a pensar no que estamos fazendo, a quem estamos nos dirigindo e o papel da oração nesse relacionamento.

Em segundo lugar: Reconheça a verdadeira relação com Deus. Há pessoas que pensam que orar é bom porque traz algum benefício, algo por razões psicológicas. No entanto, essa concepção não é uma verdade bíblica. Oração não é para me fazer sentir bem, mas para me relacionar corretamente com Deus. **Você conhece o Deus a quem orar?**

O rei Davi disse: "Ó tu, que ouves a oração! A ti virão todas as pessoas" (Salmo 65:2 [3]). Deus é ʾăḏōnāy šōmēᵃᶜ təp̄illāʰ (יהוה שֹׁמֵעַ תְּפִלָּה), o SENHOR que ouve as orações (cf. Êxodo 3:7,8; 2Crônicas 7:14,15; Salmos 55:17-22; 66:19,20; Daniel 9:21-23). O problema não está em Deus, mas na concepção errada que temos de Deus. A oração do Pai Nosso é um tratado sobre a pessoa de Deus, quem Ele é o Ele faz. Jesus foi direto quando afirmou: "[...] E Jesus, levantando os olhos ao céu, disse: Pai, graças te dou, porque me ouviste. Eu sei que sempre me ouves [...]" (João 11:41,42a).

Deus ouve a oração sem sombra de dúvidas; mas algumas orações não são respondidas, não porque Deus é insensível, deixando-nos ao léu. Deus não responde algumas orações não porque deixou de ser fiel, mas porque muitas vezes oramos a um deus que não é o Deus da Bíblia. Dr. Henry Blackaby, autor do livro de estudo "Conhecendo Deus e fazendo sua vontade", numa conferência em 2003 em Miami, disse:

> Eu poderia enumerar quinze clichês típicos da comunidade evangélica, que descrevem Deus, e o único problema é que ele não é o Deus da Bíblia. Nós o remoldamos naquele deus que nós queremos que Deus seja. E então clamamos a um deus, mas não clamamos ao Deus da Bíblia; clamamos ao deus que nós moldamos e queremos que ele seja. Eu tenho ouvido muitos crentes dizendo: "Eu clamei a Deus e ele não me ouviu". Eu digo a eles: Você não clamou ao Deus da Bíblia, você clamou ao deus que você moldou. A propósito, já escutei até dizerem isso: "Eu orei a Deus e disse a ele o que eu queria fazer, e ele não fez o que lhe pedi". Estou falando sério! E ouço isso com muita frequência. (BLACKABY apud MOURA, 2009, p. 31).

O que significa isso? O que muita gente hoje em dia está fazendo, exigindo e até cobrando de Deus como se Ele fosse devedor de algo! Muitos crentes acham que Deus lhes deve a felicidade, mas isso nunca encontramos na Bíblia. Uma vez, pregando numa igreja, fiz a seguinte afirmação: "Deus não está preocupado com seu conforto, mas com seu caráter". Ao final do culto, uma jovem chegou a mim e disse: "Pastor, o senhor disse isso, mas não concordo. Deus também está preocupado com nosso conforto". Aquela moça estava visivelmente influenciada pela teologia positivista, de que os crentes são vistos como abençoados quando possuem coisas. Que pena! O deus dela era Mamon, mas não Yahweh, o SENHOR dos Exércitos.

Deus não responde a oração porque muitas vezes não oramos em conformidade com Sua vontade (cf. 1João 5:14). Muitas orações são egoístas e egocêntricas: "Pedis e não recebeis, porque pedis de modo errado, só para gastardes em vossos prazeres" (Tiago 4:3). Deus vê além do que vemos e vê as intenções do nosso coração; não importa o quanto venhamos a dizer com os lábios e com o intelecto. Aliás, nossa mente corrompida pelo pecado é capaz de criar justificativas e espiritualizar coisas pecaminosas.

Precisamos nos lembrar de qual é o nosso relacionamento com Deus e quem Ele é. Como disse Martyn Lloyd Jones: "Oração significa conversar com Deus, esquecendo-se de nós mesmos e tendo consciência da presença do Senhor" (JONES, 2014, p. 339).

Em terceiro lugar: Torne o momento de oração num ato de adoração. Outros pensam na oração como grau de espiritualidade, de uma atitude que flui com facilidade, numa oração direta e breve, onde seus pedidos sejam colocados diante de Deus como se estivéssemos numa banca de negócios. Portanto, não importa quão desesperadora seja sua situação, comece num ato de louvor e adoração a Deus.

O profeta Daniel estava numa situação de grande perplexidade, mas quando olhamos sua oração vemos assim: "Orei ao SENHOR, meu Deus, e, confessando, disse: Ó SENHOR, Deus grande e temível, que guardas a aliança e a misericórdia para com os que te amam e guardam os teus mandamentos" (Daniel 9:4). Isso é adoração! Foco exclusivo em Deus.

E o profeta Jeremias? Preso e confinado no pátio da guarda, confrontado pela exigência legal de comprar um terreno em sua terra natal, sabendo que Deus destruiria Jerusalém e que os judeus seriam levados cativos, obedece à voz do Senhor e compra o terreno. O que diz o texto bíblico? Diz que Jeremias orou:

> Ah! Senhor Deus! Tu que fizeste os céus e a terra com o teu grande poder e com o teu braço estendido, nada é impossível para ti! Tu usas de misericórdia até mil gerações, mas retribuis o pecado dos pais nos filhos. Tu és o grande e poderoso Deus, cujo nome é SENHOR dos Exércitos. Teus planos são grandiosos, e teus feitos, poderosos. Teus olhos veem todo o procedimento dos homens, a fim de retribuíres a cada um segundo o seu procedimento, segundo merecem os seus atos. (Jeremias 32:17-19).

Quantos de nós faríamos uma oração como essa numa crise econômica, preso e numa época de guerra? Jeremias não criticou a Deus, não questionou por que teria que comprar aquele terreno; simplesmente o profeta adora ao Senhor.

A oração não deve ser um espetáculo de lamúrias, onde lançamos diante de Deus nossas amarguras, acusando-O de nossa infelicidade. Isso é pecado! A oração deve ser um momento de reconhecer Aquele que nos ouve como Soberano da terra e que pode muito bem suportar as cargas que lançamos, não com ira, mas clamando Sua imensa e maravilhosa misericórdia. Podemos falar para Deus o que sentimos sem, no entanto acusá-lO de injustiça. Como disse Davi: "Bendito seja o Senhor, que diariamente leva nossa carga, o Deus que é nossa salvação" (Salmo 68:19).

A oração é fundamental para uma igreja. Aliás, uma igreja, para ser apostólica, necessita de quatro características: "E eles perseveravam no ensino dos apóstolos e na comunhão, no partir do pão e nas orações" (Atos 2:42). **1) A doutrina dos apóstolos**, ou seja, aquilo que os apóstolos ensinaram é o fundamento da doutrina cristã e o que difere do ensino deles é engano (cf. Efésios 2:20-22; 1Coríntios 3:9); **2) Comunhão**, que é o ato de congregar e estar junto com os irmãos, "perseverando de comum acordo todos os dias no templo, e partindo o pão em casa, comiam com alegria e simplicidade de coração" (Atos 2:46; cf. Hebreus 10:25). Há pessoas que veem à igreja apenas em ocasiões especiais ou apenas dominicalmente, quando na realidade a comunhão nos faz crescer; **3) Partir do Pão**, que é uma referência à Ceia do Senhor (cf. Marcos 14:22; Mateus 26:26; Lucas 22:19;

1Coríntios 11:23,24); **4) Oração**, essa atitude era algo prático na vida dos apóstolos (cf. Atos 6:1-4; 16:13; 1Tessalonicenses 5:17).

Sim queridos, a oração do Pai Nosso é muito profunda e significativa. Somente os cristãos autênticos, aqueles que possuem um relacionamento com Deus Pai por meio de Jesus Cristo, podem dizer "Pai Nosso". Mas sobre isso, vamos falar semana que vem. A nossa oração é que sejamos uma igreja cada vez mais apostólica: Firme na doutrina, crescente na comunhão, viva no partir do pão e participativa na vontade de Deus em oração.

"O homem que quiser conhecer a Deus deve dar-Lhe tempo" A.W. Tozer

# 1

# UM DEUS QUE É PAI

"Pai nosso que estás no céu, santificado seja o teu nome"

Mateus 6:9

O Pai Nosso é um tratado sobre a pessoa de Deus. E o Senhor Jesus inicia a oração-modelo com a Paternidade Divina: "Portanto, orai deste modo: Pai nosso que estás no céu [...]" (Mateus 6:9).

Vivemos numa época estranha e difícil, principalmente quando analisamos esse tempo à luz dos valores cristãos. A família perdeu seu valor e muitos filhos vivem em famílias totalmente disfuncionais; não raramente estes presenciam a falta de um pai como modelo. Esse contexto, portanto, não favorece um crescimento adequado para as pessoas, pois os modelos são externos e vulneráveis, ou seja, as pessoas estão construindo seus valores em cima de personagens da televisão, atores, músicos, ícones da cultura e tantos outros.

Querendo ou não essa condição acabou afetando a vida espiritual das pessoas, de modo que muitos procuram se espelhar nos ícones religiosos e na opinião dos mestres da fé. Isso tem gerado um problema grave, pois as pessoas passam a ter um relacionamento superficial com Deus. Sim, infelizmente as pessoas não sabem quem é Deus e o relacionamento com Ele na verdade inexiste porque a Divindade passou a ser apenas um tipo de pronto-socorro utilizado em momentos de crise. Desse modo, a relação com Deus tornou-se puramente virtual, algo pragmático onde o Senhor é simplesmente um milagreiro qualquer. Outros, às vezes, têm a coragem (ou a tolice) de encobrir os seus pecados e iniquidades com expressões tolas, tais como: "Ah! Deus é pai não é padrasto"[3], ou "Eu também sou filho de Deus". Isto nos faz lembrar o que disse o próprio Jesus aos judeus: "O vosso pai é o Diabo, e quereis satisfazer-lhe os desejos [...]" (João 8:44). Por quê? Porque os fariseus diziam que Deus era pai, mas não viviam de conformidade com Ele.

E isto é terrível, pois na verdade poucos conhecem a Deus como Ele é de fato. A. W. Tozer no seu livro *A conquista divina* diz algo que nos faz parar para pensar:

> Só pode ser uma tragédia na vida de qualquer homem, viver numa igreja desde a meninice até avançada idade, e não conhecer nada mais real do que algum deus sintético, composto de teologia e lógica, mas sem olhos para ver, sem ouvidos para ouvir e sem coração para amar (TOZER, 1987, p. 16)

---

[3] Essa expressão é tão tola, pois conheço padrastos que possuem um senso de paternidade muito maior do que os pais biológicos.

Quantos não estão em nossas igrejas e conhecem apenas um deus sintético, um deus insensível, distante, que não age e que não se relaciona? Será que Deus não deseja que o ser humano O conheça? Quem é Deus? Será que podemos afirmar que realmente somos filho Dele?

É muito interessante perceber que Jesus inicia sua oração chamando Deus de Pai, que em grego é *Pater hêmôn* (Πάτερ ἡμῶν). Em aramaico, o Senhor Jesus teria dito: **ʾāḇînû** (אֲבִינוּ); a expressão mais conhecida por nós é a palavra **ʾabbāʰ** (אַבָּא), que é um tratamento carinhoso, íntimo do filho com seu próprio pai. *Abba* é uma palavra aprendida na infância e se aproxima do vocábulo português *papai, paizinho*, que alguns filhos deixam de usar quando se tornam adultos[4]. No entanto, essa não era uma forma comum de falar sobre a pessoa de Deus entre os judeus, pois eles nunca utilizam essa expressão para Deus[5]. Jesus é o primeiro mestre a ensinar a relação Filho-Pai na oração e que certamente traz algo muito profundo. A linguagem da oração é simples, familiar, algo que brota do coração.

Por que Jesus utiliza essa expressão tão familiar? Porque Jesus conhecia a Deus. Ele não era alguém estranho, era o Pai. Nisto Jesus demonstrava uma intimidade muito grande com Deus. Como disse Martyn Lloyd Jones: "Somente aqueles que são crentes autênticos no Senhor Jesus Cristo é que podem dizer 'Pai nosso'. Somente as pessoas para quem foram dirigidas as bem-aventuranças é que podem dizer com qualquer grau de confiança: 'Pai nosso'." (JONES, 2014, p. 339). Essa é a verdade bíblica, mas ela não é muito popular. Por quê? Porque o mundo atual crê na paternidade universal de Deus e na fraternidade universal da humanidade. Entretanto, essa ideia não encontra amparo na Bíblia. O próprio Senhor Jesus declarou que certos religiosos judeus tinham outro pai, que era o Diabo (João 8:44). Há uma clara distinção entre os filhos da luz e os filhos das trevas, segundo Jesus: "[...] pois os filhos deste mundo são mais astutos para com a sua geração do que os filhos da luz" (Lucas 16:8).

Ser filho de Deus não é algo que é nasce com o ser humano, não é uma condição inerente, mas é fruto de um poder externo a nós que nos dá esse direito: "Mas a todos que o receberam, aos que creem no seu nome, deu-lhes a prerrogativa de se tornarem filhos de Deus; os quais não nasceram de linhagem humana, nem do desejo da carne, nem da vontade do homem, mas de Deus" (João 1:12,13). Fica evidente que Jesus faz uma distinção clara entre os filhos de Deus e os filhos do mundo, quando na oração sacerdotal diz: "Eu rogo por eles. Não rogo pelo mundo, mas por aqueles que me

---

[4] O Talmud diz que "quando uma criança saboreia o trigo (isto é, quando é desmamada), aprende a dizer ʾaḇḇāʰ e ʾimmāʰ (papai e mamãe)". Nesse caso, ʾaḇḇāʰ traz um tom caloroso, tal como "papai querido" (BROWN, 2000, p. 1500).

[5] Eles reconheciam a paternidade de Deus, principalmente por causa da libertação do Egito. Liturgicamente era possível chamá-lO de "Pai" ou ʾāḇî (אָבִי), "Meu Pai", mas nunca com uma forma tão familiar.

deste, pois são teus" (João 17:9). Portanto, ser filho de Deus é uma prerrogativa que é dada aqueles que conhecem a Deus por meio da fé em Jesus Cristo: "Porque não recebestes um espírito de escravidão para vos reconduzir ao temor, mas o Espírito de adoção, pelo qual clamamos: Aba, Pai!" (Romanos 8:15). Ora, se fomos adotados por Deus, isso implica que ser filho de Dele não é algo natural, mas é consequência de Sua graça e misericórdia para com o ser humano.

Por isso essa doutrina não é bem vista pelo ser humano pecador, pois ele prefere dizer que todos somos filhos de Deus a admitir que seja um pecador e filho do diabo. É mais fácil dizer que Deus é o pai de todos, com aquela linguagem melosa e superficial de um amor inócuo, do que reconhecer que no coração ele nutre ódio a Deus. Muitos falam da paternidade de Deus, mas não confiam e nem se submetem a Ele. **Somente quem é de Cristo pode orar com confiança a Deus chamando-O de Pai!**

Mas essa não é apenas uma condição do mundo; na igreja chamada cristã em nosso tempo temos muitos que não podem orar o Pai Nosso com confiança. Infelizmente muitos cristãos falam de Deus como Pai, mas não O conhecem como tal. Em geral, parece que Deus é um ser distante, que deixou todos órfãos e que, de alguma forma, temos que aplacar o seu coração com alguma coisa para recebermos a Sua graça. Deus, às vezes, é tão teórico que muitos adoram a um Deus que não conhecem. Talvez Paulo em nossos dias, entrando em algumas igrejas, fizesse o que fez em Atenas: "Porque, ao passar e observar os objetos do vosso culto, encontrei também um altar em que estava escrito: AO DEUS DESCONHECIDO. É exatamente este que honrais sem conhecer que eu vos anuncio" (Atos 17:23). E não é de admirar que hoje em dia muitos estejam dentro das igrejas e adoram a Deus sem O conhecer. Por quê? Porque a maioria dos cristãos da atualidade é idólatra, pois buscam mais as bênçãos de Deus do que o próprio Deus; mais o milagre do que o Autor do milagre. Os objetos do culto pós-moderno são o nome da pessoa, a roupa que veste, o *status* ou a posição social, a posição eclesiástica que pode adquirir, enfim, tantas outras coisas que desviam o olhar da pessoa de Deus.

Jesus sabia que ninguém poderia ter uma relação Pai-filho com Deus sem O conhecer. Ninguém pode nutrir um relacionamento sem conhecimento. Mas esta é infelizmente a ideia da nossa geração: As pessoas se relacionam sem conhecer o outro. Vivemos na era dos relacionamentos virtuais, onde os indivíduos vivem de sombras e ilusão. O profeta Oséias no seu tempo clamou para que Israel viesse a conhecer ao Senhor: "Conheçamos e prossigamos em conhecer o SENHOR [...]" (Oséias 6:3). O profeta Jeremias também fez o mesmo clamor à Judá e a Jerusalém: "Mas quem se gloriar, glorie-se nisto: em me entender e me conhecer, pois eu sou o SENHOR, que pratico a fidelidade, o direito e a justiça na terra, porque me agrado dessas coisas, diz o SENHOR" (Jeremias 9:24). Conhecer a Deus é algo imprescindível e totalmente necessário, pois caso contrário, jamais saberemos quem Ele é. Por esta razão Jesus orou: "Pai nosso".

John Stott faz ressaltar que Jesus instrui os discípulos a chamarem Deus de Pai porque a implicação é pessoal: "Deus é exatamente tão pessoal quanto nós o somos, e até mais" (1989, p. 149). Observando a Escritura podemos ver claramente que ter um relacionamento paternal com Deus necessita de conhecimento e de experiência pessoal com Ele.

**A paternidade de Deus no Antigo Testamento**

No Antigo Testamento encontramos a questão da paternidade de Deus como algo exclusivo a Israel (cf. Deuteronômio 7:6-8; 14:2; Isaías 63:15,16; 64:8). Esse conceito encontra seu fundamento na libertação do Egito no êxodo: "Mas tu és nosso Pai (אָבִ֫ינוּ; ʾāḇînû), embora Abraão não nos conheça, e Israel não nos reconheça. Ó SENHOR, tu és nosso Pai (אָבִ֫ינוּ); o teu nome é o nosso Redentor desde a antiguidade" (Isaías 63:16). É nesta esperança que repousa o sentimento de dependência em relação a Deus: "Mas agora tu és nosso Pai (אָבִ֫ינוּ; ʾāḇînû), ó SENHOR; nós somos o barro, e tu és o nosso oleiro; e todos nós somos obra das tuas mãos" (Isaías 64:8 [7]). Ou seja, Deus é ʾāḇ (אָב), o Pai de onde emanam a misericórdia e a graça. E como um pai cuidadoso Deus livraria Seu povo no momento certo assim como fez no deserto:

> O SENHOR, vosso Deus, que vai adiante de vós, guerreará por vós, assim como fez no Egito, diante dos vossos olhos, e também no deserto, onde vistes como o SENHOR, vosso Deus, vos conduziu por todo o caminho que andastes, como um homem conduz o próprio filho, até chegardes a este lugar (Deuteronômio 1:30,31)

Por isso Moisés repreendeu os israelitas quanto a ingratidão em relação ao Senhor: "Povo louco e insensato, é assim que recompensas o SENHOR? Ele não é teu pai (אָבִ֫יךָ; ʾāḇîḵā), que te adquiriu, te fez e te estabeleceu?" (Deuteronômio 32:6).

Percebemos que, embora os judeus estivessem convictos da realidade da paternidade Divina em relação a Israel, eles não usavam com frequência esse título para Deus; pelo contrário, não é encontrado nenhum exemplo da utilização da expressão "meu Pai" para Deus no judaísmo e nunca empregavam a expressão ʾabbāʰ (אַבָּא), pois soaria como desrespeitoso[6]. Agostinho (1992, p. 115) disse acerca disso:

> [...] Quem quer que leia a Sagrada Escritura poderá encontrar tais louvores de modo variado e extenso. Entretanto, em parte alguma encontra-se algum preceito ordenando ao povo de Israel que se dirigisse a Deus como Pai e o invocasse como Pai nosso.

[6] Encontramos o salmista afirmar: "Pai de órfãos e juiz de viúvas, é Deus na sua santa morada" (Salmo 68:5). O vocábulo aqui é ʾăḇî (אֲבִי), "Pai" (substantivo comum, masculino, singular, construto).

Por isso, ao ensinar a oração chamando Deus com um termo tão familiar isso deve ter surpreendido os judeus. O Senhor em Suas orações não usava de artifícios para criar impacto diante de Seus ouvintes, mas expressava claramente o relacionamento íntimo e especial com o Pai. Os judeus não ousavam usar uma expressão como essa; mas ela foi tão expressiva que os discípulos não ousaram traduzi-la, mantendo a expressão aramaica no Novo Testamento. Joaquim Jeremias (1977, p. 37) vai dizer:

> Jesus dirigia-se a Deus como uma criancinha a seu pai, com a mesma simplicidade íntima, o mesmo abandono confiante [...] Jesus considerava este modo infantil de falar como a expressão do conhecimento único de Deus que o Pai lhe dava, e de seus plenos poderes de Filho.

Ou seja, Jesus tinha plena consciência de ser, de modo único e singular, o Filho de Deus: "Todas as coisas me foram entregues por meu Pai (πατρός); e ninguém conhece o Filho, senão o Pai (πατήρ); e ninguém conhece o Pai (πατέρα), senão o Filho e aquele a quem o Filho o quiser revelar" (Mateus 11:27; cf. Marcos 13:32; 14:36)[7]. Quando a Igreja Cristã professou sua fé na filiação divina de Jesus, o fez baseada nas próprias palavras do Senhor Jesus. Certamente isso foi uma grande novidade para Seus ouvintes, pois ao tratar a pessoa de Deus de uma forma tão íntima, Jesus quebrou categorias religiosas. Ao chamar Deus de *Pai*, Jesus incentivou Seus discípulos a desenvolver com Deus um vínculo de afeto e confiança com o Senhor.

**A paternidade de Deus estendida aos que creem.**

No Novo Testamento Paulo fala aos cristãos de Roma algo muito importante: "Porque não recebestes um espírito de escravidão para vos reconduzir ao temor, mas o Espírito de adoção, pelo qual clamamos: Aba, Pai!" (Romanos 8:15). Pode um filho deixar de ser filho? Será que Cristo pode deixar de ser o Filho amado? Fica evidente aqui que essa relação entre Deus e o salvo jamais pode acabar nem deixar de existir. Essa é a riqueza da graça! Nós éramos dignos da Sua ira eterna e sabemos disso; no entanto, fomos conduzidos numa relação imutável em que fomos adotados com o mesmo Espírito do Filho. Desse modo perguntamos: Será que clamamos como pecadores que estão afastados de Deus ou como filhos amados? Clamamos "Aba, Pai!". Esse é o testemunho especial do Espírito Santo em nós.

Pedro escrevendo aos cristãos da Ásia também lhes disse: "E andai com temor, durante o tempo da vossa peregrinação, se chamais de Pai aquele que julga segundo as obras de cada um, sem

---

[7] Os três vocábulos derivam de *pater* (πατήρ), sendo o primeiro um substantivo genitivo, o segundo um substantivo nominativo e o terceiro um substantivo acusativo.

discriminação de pessoas" (1Pedro 1:17). Ou seja, se chamamos a Deus de pai, devemos nos lembrar de qual deve ser nosso procedimento. Este Deus a quem chamamos de pai também é um juiz justo. E como um juiz imparcial, Ele também é um Pai imparcial, que nos ama não segundo aquilo que fazemos – porque na verdade jamais faríamos algo que possa atraí-lo a nós – mas porque Ele é essencialmente um Pai cheio de amor e graça.

Dietrich Bonhoeffer disse: "Minha oração só é certeira, forte e pura quando emanar da vontade de Jesus. Então orar será realmente pedir. O filho pede ao pai, o qual o conhece [...] Isso corresponde à atitude do ser humano perante Deus, pedindo de mão estendida àquele que ele sabe ter um coração paternal" (2004, p. 100). A pergunta inquietante aqui é: Você conhece a Deus como Pai?

Por que faço essa pergunta? Porque uma das tragédias de nosso tempo é perceber que muitas pessoas vivem em lares disfuncionais. Alguns nunca tiveram um pai e outros tiveram, mas foi o mesmo que não ter. Ainda há aqueles que sofrem com outras situações ainda mais doloridas, tais como um pai ausente, indiferente, violento, crápula, enfim, há muita gente que tem sofrido e sofre por causa (ou pela ausência) de um pai.

Mas, o que isto tem a ver com Deus? Muita coisa. Há pessoas que inconscientemente transferem a sua concepção de pai para Deus. E quando na igreja falamos que Deus é nosso Pai, sobe aquele frio na espinha. Será que Deus é como meu pai? Por isso quero terminar com a história de Lutero.

Lutero via Deus como um ser semelhante a seu pai, alguém severo, duro e com sede de vingança. A infância dele não foi feliz. Seus pais eram extremamente severos com ele. Durante sua vida ficou preso aos momentos de depressão e angústia profundas, influenciada em boa parte por causa da educação rígida e extremada de seus pais.

Em 1505, pouco depois de completar 22 anos, Lutero ingressou no mosteiro agostiniano de Erfurt. Dentre as muitas causas para seguir a vida monástica uma delas foi a principal. No meio de uma tormenta de raios elétricos, sentiu o temor da morte e do inferno, e prometeu a Santa Ana que se tornaria um monge. Seu pai queria que se tornasse um advogado, e fazia grande esforço para isso, mas quando soube que ele estava indo ao mosteiro, ficou profundamente irado e demorou muito tempo para perdoa-lhe essa atitude. Mas apesar de tudo, sabemos que a causa principal de ir ao mosteiro foi o da própria salvação.

Os primeiros anos de Lutero foram tranquilos no mosteiro. Seus esforços levaram seus superiores o escolherem para o sacerdócio. Ele conta que, na celebração de sua primeira missa, o temor de Deus se apoderou dele. Esse temor esmagador de Deus o pressionou de uma forma tão intensa que ele não se sentia seguro se tudo que estava fazendo era suficiente para a sua salvação. Deus lhe parecia um juiz severo, como antes tinham sido seus pais e professores. Ele sentia que Deus sempre acharia alguma falta e iria castigá-lo. Portanto, ele se valeu de todos os artifícios da Igreja para sentir-se salvo. Lutero, na sua busca pela salvação, chegou a confessar que não amava a Deus, mas sim que o odiava, pois na sua mente, como podia agradar a Deus se seus pecados o levariam a punição? Por mais que confessasse os pecados, sempre havia um senso de que era impossível a amar a Deus, pois o Justo Deus iria pedir contas.

Em 1515 ele começou a ministrar conferências na carta aos Romanos e no primeiro capítulo encontrou a resposta para suas dificuldades. Essa resposta não veio facilmente. Ele leu na Bíblia: "Pois a justiça de Deus se revela no evangelho [...]" (Romanos 1:17). Naquele momento ele disse que a grande descoberta foi precedida de grande luta e amarga angústia. Segundo o texto, o evangelho é a revelação da justiça de Deus. E era isso que Lutero não podia tolerar: a justiça de Deus. Se o evangelho apontasse para a mensagem de que Deus não era justo, tudo bem; Lutero não teria dificuldades. Mas, segundo o próprio Lutero, ele odiava a frase "a justiça de Deus", e esteve meditando nela dia e noite para fazer a relação entre as duas partes do versículo.

Foi aí que ele percebeu o texto na sua integralidade: "Pois a justiça de Deus se revela no evangelho, de fé em fé, como está escrito: O justo viverá pela fé" (Romanos 1:17). Lutero percebeu que a teologia tradicional estava errada, pois a justiça não significa que Deus vai castigar os pecadores, tampouco que a justiça seja obra do justo, mas na verdade é um dom de Deus. A "justiça de Deus" é a que tem quem vive pela fé, não porque seja em si mesmo justo, ou porque cumpre as exigências da justiça divina, mas porque Deus lhe dá este dom. À justificação pela fé não quer dizer que a fé seja uma obra mais sutil que as boas obras, e sim que Deus nos paga por essa obra. Ou seja, tanto a fé como a justificação do pecador, são obras de Deus, dom gratuito. Daí em diante Lutero vai dizer que a frase "justiça de Deus" não o encheu mais de ódio, mas se tornou "[...] indizivelmente doce em virtude de um grande amor" (GONZALEZ, 2005, pg. 50).

Deus não é como nosso pai terreno, que é limitado, pecador e que para muitos foi um sinônimo de abandono. Ele é melhor e superiormente fiel e digno de nossa confiança. Não há porque temermos em chamar Deus de Pai, pois na verdade Ele deseja que O conheçamos. Aliás, Ele mesmo planejou, antes da fundação do mundo, adotar filhos que seriam semelhantes ao Filho Primogênito: "Pois os que conheceu por antecipação, também os predestinou para serem conformes à imagem de seu Filho, a fim de que ele seja o primogênito entre muitos irmãos" (Romanos 8:29). Por isso, o primeiro e fundamental passo para chamar Deus de "Pai" começa quando você se rende a Cristo como Senhor e Salvador. Somente aqueles que foram adotados por Deus, através de Cristo, é que poderão chamá-lO de "Pai": "e nos predestinou para si mesmo, segundo a boa determinação de sua vontade, para sermos filhos adotivos por meio de Jesus Cristo" (Efésios 1:5).

O que você está esperando? A Bíblia diz: "Clama a mim, e te responderei, e te anunciarei coisas grandes e inacessíveis, que não conheces" (Jeremias 33:3). Não tema lançar-se nos braços do Senhor, pois somente Ele pode transformá-lO de uma criatura a um filho Dele. O rei Davi disse: "Se meu pai e minha mãe me abandonarem, o SENHOR me acolherá" (Salmo 27:10). Somente assim você poderá dizer a Deus: "Meu Pai".

### Ele é Pai que está acima de tudo e de todos

"Pai nosso que estás no céu [...]". Jesus sabia onde estava o Pai. Além de conhecê-lO muito bem, Jesus entendia o significado "Tu que estás nos céus". O termo grego *ouranos* (**οὐρανός**)[8], "*céus*", usado tanto na Septuaginta (LXX) quanto no Novo Testamento e aponta exatamente ao trono de Deus.

Diante dos problemas da vida, da agitação dos nossos dias, das notícias que chegam até nós, devemos ter uma consciência de onde Deus está. Jesus não estava mostrando aos discípulos que Deus estava distante, mas que o céu é o lugar de Sua majestade, de Sua glória e de Sua ação. Aqui, Jesus faz lembrar o que a própria Escritura já afirmava: "O céu é o lugar de Deus". Não estamos falando deste céu físico que vemos, mas o céu como lugar da divindade, como lugar santo.

A Escritura declara: "Olha desde tua santa habitação, desde o céu, e abençoa o teu povo Israel e a terra que nos deste, conforme juraste a nossos pais, terra que dá leite e mel" (Deuteronômio 26:15). O rei Salomão quando consagrava o templo de Jerusalém, na sua oração solene diz: "Ouve a súplica do teu servo e do teu povo Israel, quando orarem voltados para este lugar. Sim, ouve tu do lugar da tua habitação no céu; ouve e perdoa" (1Reis 8:30). Diante do sofrimento de seu amigo Jó, Elifaz faz uma declaração interessante acerca da grandiosidade de Deus: "Não está Deus lá no alto, no céu? Olha para as mais altas estrelas; como são elevadas!" (Jó 22:12). O salmista declara onde são olhos estão postos: "Tu, que habitas nos céus, a ti elevo meus olhos" (Salmo 123:1). E Deus, por meio do profeta declara: "Assim diz o SENHOR: O céu é o meu trono, e a terra é o estrado dos meus pés. Que casa edificaríeis para mim? Qual é o lugar do meu descanso?" (Isaías 66:1).

O céu, o lugar da habitação de Deus, de onde procede a bênção, a promessa, o perdão, a esperança, enfim, o Deus que está acima de tudo que podemos imaginar: de nossos problemas pessoais, psicológicos, sociais, espirituais, não importa de que ordem seja Ele está acima e pode fazer algo pelos seus amados. Olhemos para o céu, mas não com o olhar perdido, como se Deus estivesse longe no espaço. Olhemos com esperança, nutrindo a fé, sabendo que Ele, em sua majestade, nos contempla e deseja nos abençoar.

---

[8] No hebraico, esse vocábulo grego traduz o termo hebraico šāmáyim (שָׁמַ֫יִם), "*céus*" (substantivo comum, masculino plural absoluto)

Outro fato que Jesus queria lembrar é que do céu Deus revela sua transcendência e imanência. O profeta declarou: "Porque assim diz o Alto e o Sublime, que habita na eternidade e cujo nome é santo: Habito num lugar alto e santo, e também com o contrito e humilde de espírito, para vivificar o espírito dos humildes e o coração dos contritos" (Isaías 57:15).

Que maravilha é o nosso Deus! Ele revela do céu suas qualidades, tanto transcendentes (Porque assim diz o Alto e o Sublime, que habita na eternidade e cujo nome é santo: Habito num lugar alto e santo...), tais como, a Onipotência, a Onipresença e a Onisciência (Salmo 139), como imanentes (e também com o contrito e humilde de espírito, para vivificar o espírito dos humildes e o coração dos contritos), como o amor, a justiça, misericórdia, perdão, e tanto outros.

Desse modo, quando oramos, "Pai nosso que estás no céu [...]", devemos entender que Ele está acima de tudo e de todos, que é Poderoso, Alto e Sublime, que não é qualquer deus falso ou imaginário, mas que é digno de honra e glória. Deus não vive num corpo e através dele, como nós, e por isso, Deus não está limitado numa estrutura espaço-tempo. Deus é autoexistente e poderoso. Infelizmente poucos cristãos têm esta consciência, pois pensam em um deus pequeno, ou se acham no direito de ter com Deus uma relação patrão/empregado (no caso aqui, para muitos, o empregado é Deus). Precisamos de forma imediata compreender em nossa mente esta verdade: Deus transcende tudo que imaginamos e não está preso a compreensão doentia, humana e falha que temos sobre Ele.

Sim, Ele é transcendente, mas também deseja estar perto dos seres humanos. Foi por esta razão que Deus enviou Jesus Cristo para morrer em nosso lugar, para abrir um caminho direto ao coração do Dele, para vivificar o que estava morto, e por meio do Espírito Santo habitar naqueles que Lhe entregaram a vida. A encarnação de Deus na pessoa de Jesus Cristo é o coração do cristianismo e ponto central do Novo Testamento. Isso é o que significa a imanência de Deus. Como disse Paulo, em Cristo "[...] habita corporalmente toda a plenitude da divindade" (Colossenses 2:9).

Com certeza isso é um grande mistério. Pecadores redimidos, justificados e habitados pela Divindade. Este é o nosso Pai que está no céu, um Pai que está bem junto dos seus. Pensemos nisto com sinceridade. Como disse John Stott: "Sempre é bom, antes de orar, gastar deliberadamente algum tempo lembrando-nos de quem Ele é. Só então poderemos aproximar-nos de nosso amoroso Pai no céu com devida humildade, devoção e confiança" (STOTT, 1989, p. 149-150).

**Ele é um Pai Santo**

"santificado [...]". O vocábulo *Santo* quer dizer, *separado*. A santidade de Deus é o atributo dos atributos, pois todas as Suas perfeições são marcadas por essa singularidade. Tanto qāḏôš (קָדוֹשׁ) no Antigo como *hagios* (**ἅγιος**) no Novo Testamento apontam para a distinção Daquele que é o totalmente Outro, perfeito em todas as dimensões de Seu ser. Como nos diz Arthur W. Pink: "Com frequência Deus é chamado 'O Santo' na Escritura; e o é porque Nele se acha a suma de todas as excelências morais. É a pureza absoluta, sem a mais leve sombra de pecado" (PINK, 2004, p. 55).

É triste ver pessoas colocando Deus no meio de coisas tão absurdas. Quantas vezes não ouvimos jogadores ou técnicos de futebol dizendo: "Se Deus quiser venceremos o campeonato deste ano". Quantos sambistas afirmam: "Graças a Deus ganhamos o carnaval deste ano". A grande questão é: Qual a relação entre Deus, futebol e carnaval? Certamente nenhuma!

Poucas pessoas compreendem o que é servir e adorar um Deus Santo. Langston diz que a santidade de Deus "[...] é a perfeita bondade de Deus, ou em outras palavras é a soma de todas as suas qualidades morais" (LANGSTON, 1999, p. 55). Jesus sabia que Deus é Santo, digno de receber a adoração, o reconhecimento e respeito dos homens. Tanto o Antigo Testamento como o Novo Testamento nos mostra a santidade de Deus. Toda pessoa que quiser a Deus como Pai e deseja se aproximar Dele deve entender o que Jesus quis dizer com "santificado".

Após a vitória sobre os egípcios, Moisés e os israelitas cantaram: "Quem entre os deuses é como tu, ó SENHOR? Quem é como tu, poderoso em santidade, admirável em louvores, capaz de maravilhas?" (Êxodo 15:11). Literalmente no hebraico Moisés diz que Deus é Aquele que *se faz glorioso em santidade* (נֶאְדָּר בַּקֹּדֶשׁ; neʾdār baqqṓḏeš).

Quando os homens de Bete-Semes se portaram com irreverência diante da arca da aliança e foram mortos pelo Senhor, a constatação deles foi uma só: "Quem poderia permanecer diante do SENHOR, este Deus santo? A quem enviaremos para que se afaste de nós?" (1Samuel 6:20). A falta de reverência ao objeto sagrado que simbolizava a própria presença de Deus foi punida, pois essa é a ideia da santidade, algo separado do uso comum.

Para o salmista Deus é digno de exaltação e adoração plena por causa de Sua santidade: "Exaltai o SENHOR, nosso Deus, e adorai-o no seu santo monte, pois o SENHOR, nosso Deus, é santo" (Salmo 99:9). O profeta Isaías viu essa adoração sendo feita por seres celestiais: "E clamavam uns aos outros: Santo, santo, santo é o SENHOR dos Exércitos; toda a terra está cheia da sua glória" (Isaías 6:3). E João no livro de Apocalipse viu aqueles que venceram a Besta e que estavam diante do trono de Deus cantando o cântico de Moisés: "Senhor, quem não te temerá e não glorificará o teu nome? Pois só tu és santo; por isso todas as nações virão e se prostrarão diante de ti, porque os teus juízos são manifestos" (Apocalipse 15:4).

Este é o nosso Deus, um Deus Santo e grandioso em santidade. Como é triste ver que muitos cristãos ainda não se conscientizaram que, para viver com o Senhor, é necessária uma vida de santidade (cf. Levítico 11:44-45; 1Pedro 1:16). É angustiante ver a vida espiritual de alguns cristãos que se deixam levar pela carne, que não oram, não estudam a Palavra e que acabam desprezando a santidade do Senhor.

Aquele que se diz cristão, mas ainda não encarnou a santidade do Senhor, não pode ser chamado assim, pois para essas pessoas Deus nada mais é que um ser distante, e muitos acabam vivendo como ateus práticos, ou seja, como se Ele nem existisse. Quando Jesus orou ao Pai e o chamou de *santificado*, Ele desejava que seus discípulos aprendessem que Deus é um ser Santo e exige santidade daqueles que querem estar ao Seu lado. Não podemos viver o cristianismo sem uma vida de santidade ao Senhor.

Berkhof diz que a santidade de Deus é dupla, ou seja, que se pode chamá-la de "majestade-santidade". Segundo esse autor "Ele é absolutamente distinto de todas as Suas criaturas, e é exaltado acima delas em majestade infinita [...] Ele é santo em tudo aquilo que O revela, em Sua graça e bondade como também em Sua ira e justiça" (BERKHOF, 1996, p. 76). A isso Erickson chama de singularidade, que é afirmada em Êxodo 15:11 e Isaías 6:3,4. Ele diz que a "[...] santidade de Deus é absoluta pureza ou bondade. Isso significa que ele não é atingido nem manchado pelo mal que existe no mundo. Ele não participa do mal em sentido algum" (ERICKSON, 1997, p. 118). Podemos ver isto em Habacuque 1:13 e Tiago 1:13.

Davi mostra como podemos chegar até à presença de Deus: "Quem subirá ao monte do SENHOR, ou quem poderá permanecer no seu santo lugar? Aquele que é limpo de mãos e puro de coração; que não entrega sua vida à mentira, nem jura com engano" (Salmo 24:3,4). Ou seja, aquela pessoa que está justificada (limpo de mãos e puro de coração) e procede corretamente através de uma vida íntegra, essa pessoa estará na presença de Deus, não porque merece, mas porque a santidade é o estilo de sua vida. Deus é santo, e como cristãos não podemos perder de vista essa verdade absoluta.

Se de fato quisermos ser adotados por Deus, amando-O e servindo-O de coração, então devemos abandonar o mundo e suas práticas, vivendo na busca da santidade por meio do Espírito Santo, sendo revestidos "do novo homem, criado segundo Deus em verdadeira justiça e santidade" (Efésios 4:24).

A ideia de um Pai celeste, além de fortalecer nossa esperança deve também inspirar em nós zelo e temor. Diferentemente do que muitos pregam hoje em dia, chamando Deus de Pai e tomando uma postura insolente em nome da intimidade, a Bíblia nos mostra outra atitude: "Não te precipites com a boca, nem seja o teu coração impulsivo para fazer promessa alguma na presença de Deus; porque Deus está no céu, e tu estás na terra; portanto, sejam poucas as tuas palavras" (Eclesiastes 5:2).

Essa advertência bíblica cabe muito bem aqui no aspecto da oração. Palavras mal colocadas podem ser pronunciadas por causa da angústia como no caso de Jó (Jó 40:3-5) ou motivadas por ressentimentos, como no caso de Asafe (Salmo 73:15). As palavras descuidadas são reflexo do que se passa no íntimo, pois é do coração que brotam as palavras.

Ao falar do Pai celeste Jesus não está falando de um Pai inatingível, mas de um Pai que não se iguala a nada humano e que deve ser digno de reverência, adoração e honra. Deus fez uma pergunta a Israel: "O filho honra o pai, e o servo, o seu senhor. Se eu sou pai, onde está a minha honra? Se eu sou senhor, onde está o temor de mim?, diz o SENHOR dos Exércitos [...]" (Malaquias 1:6a). Fica evidente aqui que amor e honra andam juntos. Muitos pensam que no amor tudo é permitido; entretanto, a frase de Cipriano de Cartago (? – 258 d.C.) nos faz refletir: "Amor ao Pai, temor a Deus" (Cipriano de Cartago)[9]. Temor não por medo, mas por causa do perdão, pois diz a Escritura: "Mas o perdão está contigo, para que sejas temido" (Salmo 130:4). Quando Jesus diz "Pai nosso que estás no céu", Barclay diz o seguinte: "O amor está lá, mas a santidade também está lá" (BARCLAY, 1956, p. 203). Ou seja, aqui vemos duas verdades que andam juntas: Deus é Pai, mas está no céu; essa verdade nos guarda do medo covarde, mas também da petulância. Podemos nos aproximar de Deus como filhos amados, mas com reverência amorosa.

**Ele é Pai que zela por seu nome**

O Pai celeste e Santo tem um caráter maravilhoso: "[...] santificado seja o teu nome" (Mateus 6:9). Essa expressão é valiosa, principalmente porque Jesus aponta para Deus como um Ser pessoal e não uma força impessoal. Como Ser pessoal, isso significa que Deus tem vontade e governa o mundo e o Universo de uma maneira muito própria. Ele é o Pai que está nos céus, Criador de todas as coisas e que possui uma vontade soberana e Santa. Assim, esse Deus não é uma energia nem uma força impessoal; Ele não é humano e nem super-humano como se fosse alguém mais evoluído. Ao citar que Seu Nome é Santo Jesus aponta para algo muito singular e especial. O nome na Bíblia, principalmente no Antigo Testamento está envolvido com o caráter. Segundo o Dicionário Internacional de Teologia do Antigo Testamento: "No Antigo Testamento o conceito de nomes pessoais frequentemente incluía as ideias de existência, caráter e reputação (1Sm. 25.25) [...] O nome escolhido para uma criança frequentemente expressava os desejos ou expectativas que os pais tinham para ela quando viesse a amadurecer (HARRIS, 1998, p. 1578).

Acerca do nome de Deus o Dicionário também afirma: "O nome de Deus também significa a total autorrevelação de Deus em sua santidade e verdade (Sl 22.22 [23])[10]. Pode-se 'andar' no nome

---

[9] *Amare in Illo quod Pater est, timere quod Deus est.* Thascius Cecilius Cyprianus.

[10] O versículo entre colchetes indica o versículo no texto hebraico, já que a nota introdutória no Salmo seria o versículo primeiro.

do Senhor, ou seja, as pessoas devem viver de acordo com o ensino desse nome (Mq. 4.5)" (HARRIS, 1998, p. 1579).

Mas, qual é o Nome de Deus? Moisés questionou sua missão a partir da objeção popular: "Quando eu for aos israelitas e lhes disser: O Deus de vossos pais me enviou a vós, e eles me perguntarem: Qual é o nome dele? Que lhes direi?" (Êxodo 3:13).

A resposta de Deus vem por meio de três enunciados com ligeira diferença:

> Deus disse a Moisés: EU SOU O QUE SOU. Assim responderás aos israelitas: EU SOU me enviou a vós... Assim dirás aos israelitas: O SENHOR, o Deus de vossos pais, o Deus de Abraão, o Deus de Isaque e o Deus de Jacó, me enviou a vós. Este é o meu nome eternamente, e assim serei lembrado de geração em geração (Êxodo 3:14,15).

No Antigo Testamento o nome não era um mero vocábulo que distinguia uma pessoa da outra, mas algo que estava ligado à existência mesma da pessoa, sendo a representação e expressão de seu caráter e personalidade. Conhecer o nome de uma pessoa significava iniciar uma relação com seu ser. Desse modo, a pergunta de Moisés significa: "Qual a relação de Deus para com Seu povo? Foi o Deus de seus pais que agora se revela?". Em Êxodo 23 Deus diz aos israelitas que enviará Seu anjo com eles a Canaã e exorta-os a reverenciá-lo, a escutá-lo e não rebelar-se, "[...] *pois nele está o meu nome*" (Êxodo 23:21). O peso do nome de Deus se manifesta especialmente em Êxodo 33:18 onde Moisés pede para ver a glória de Deus. Deus lhe outorga o pedido, concedendo-lhe uma manifestação visível e misteriosa de Si mesmo (33:22,23), mas também proclama Seu nome diante de Moisés (33:19). Ele cumpre esta promessa no monte ao proclamar Seu nome numa série de imponentes afirmações que revelam Sua graça e misericórdia (Êxodo 34:5-7). Portanto, o nome de Deus expressa Sua misteriosa e inefável pessoa, Sua glória.

A resposta de Deus geralmente se traduz como *Eu Sou o que Sou*. Ela parece evasiva, uma definição incompleta que parece ser uma negativa de responder a pergunta. Mas em Êxodo 3:15 Deus efetivamente revela Seu nome, **Yahweh**, cuja explicação é oferecida no verso 14. O contexto total – especialmente em relação à pergunta de Moisés – sugere de forma enfática que Deus se revela e não se oculta. Ao longo de toda a história, Israel sempre remonta suas origens aos acontecimentos desta época em que aprenderam que era Deus e o que significaria para eles.

A frase hebraica que se traduz como *Eu sou o que sou* provém de uma frase idiomática pela qual algo se define em função de si mesmo, que se emprega quando o que fala não deseja ser mais explícito ou não tem meios para isso. Deste modo pode expressar algo indeterminado, mas também pode expressar totalidade ou intensidade[11]. Portanto, "[...] terei misericórdia de quem eu quiser ter

[11] A ênfase ou a intensidade expressa por meio da repetição do mesmo verbo no predicado (semelhante ao acusativo cognato em hebraico).

misericórdia, e me compadecerei de quem eu quiser me compadecer" (Êxodo 33:19) significa "Eu sou aquele que se manifesta misericordioso e clemente"[12]. Neste sentido, *Eu sou o que sou* significa "Eu sou quem de fato devo ser". E mais, esta existência não se trata de um sentido metafísico, como se fosse uma proposta filosófica, mas num sentido eficaz: "Eu sou o que é (para vocês), verdadeiramente presente, disposto a ajudar e atuar". Esta interpretação se sustenta nas expectativas que surgem no contexto. O povo de Israel – e o próprio Moisés – se encontravam numa situação desesperadora, necessitando de um pronunciamento de Deus. Ao revelar Seu nome pessoal, Deus expressa que manifestou Seu próprio Ser a humanidade e que se fez acessível em comunhão e como Salvador.

Por último, cabe aqui uma análise da forma do nome em Êxodo 3:15, YHWH (יהוה) o tetragrama[13], e a relação com a fórmula *Eu sou o que sou* de 3:14. Segundo a interpretação de Êxodo 3:14 o nome corresponde a terceira pessoa do verbo hāyāʰ (הָיָה), "ser", neste caso, "Ele é". Mas Deus, ao falar de Si mesmo, não diz "ele é", mas "Eu sou". Além disso, quando Deus fala, também diz "ele é"[14]. Dada a dificuldade de traduzir esse nome e de como se pronuncia as quatro consoantes, alguns tradutores optam em traduzi-lo como *Jeová*, o que na verdade é uma forma híbrida e incorreta ao Nome Sagrado.

O que Jesus tem em mente é acerca da santidade do Nome Sagrado de Deus. Ele conhecia o caráter e a reputação de Deus. Deus é um Pai que zela pelo seu nome, porque este expressa quem Ele é. Como nos diz Stott: "O nome representa a pessoa que o usa, o seu caráter e sua atividade. Portanto

---

[12] O lugar em que se encontra esta declaração é de sumo interesse, já que aparece imediatamente depois da promessa de Deus de proclamar Seu nome (33:18). No cumprimento da promessa em 34:5-7, quando Deus proclamou Seu nome, são empregados os mesmos verbos: "Yahweh, Yahweh, Deus misericordioso e clemente...". Em Êxodo 33 a revelação se vincula com o fato de que Deus é, sobretudo misericordioso e clemente, refletindo a notável conexão de Seu nome em 3:13-15 com a dramática redenção da escravidão no Egito.

[13] A interpretação das quatro letras é complicada, isso porque não foi conservada a pronúncia original. No decorrer da história, até séculos depois da época neotestamentária, o hebraico escrevia-se sem vogais. Quando os judeus criaram um sistema para conservar a pronúncia original do texto sagrado, o nome de Deus já era tão santo que eles haviam deixado de pronunciá-lo há muito tempo. Ao lerem o texto, substituíam YHWH pelo termo ʾăḏōnāy (אֲדֹנָי), isto é "Senhor". Com o tempo foram incluídas as vogais de ʾăḏōnāy ao nome YHWH, originando o termo Jeová. A pronúncia Yahweh provém da antiga transliteração grega e os requisitos gramaticais de interpretação oferecidas no texto de Êxodo 3:13-15.

[14] Esta interpretação considera que a raiz de YHWH, hāwāʰ é uma forma antiga de hāyāʰ, "ser", razão pela qual provoca amplas especulações e debates com relação a se o nome existia ou não antes do tempo de Moisés. Existe hoje certa evidência de que YHWH era um elemento de nomes amorreus de quem, ao que parece, provieram os israelitas, mas não existem provas conclusivas. Embora algum dia se demonstre o uso anterior do nome o ensinamento bíblico se centra no fato de que, por meio da revelação de Moisés e da libertação no Mar de Juncos, o nome ganhou uma nova riqueza em seu significado e importância.

o 'nome' de Deus é o próprio Deus, como ele é si mesmo e se tem revelado. Seu nome já é 'santo', porque é separado e exaltado acima de qualquer outro nome" (STOTT, 1989, p. 150-1).

Como é triste ver que muitos brincam com o nome de Deus, colocando-O em relação a coisas totalmente inconvenientes. A Bíblia nos mostra que o Seu nome é exaltado, digno de honra. Quando falamos o nome de Deus, estamos nos referindo ao Seu caráter.

**Um Nome Digno e confiável**

Encontramos no Antigo Testamento uma bela expressão de reverência ao nome de Deus. Neemias, que era copeiro do rei persa Artaxerxes I (? – 424 a.C.) e tinha sido enviado para ajudar os judeus a reconstruir os muros da cidade de Jerusalém, iniciou seu trabalho restaurando a vida piedosa

O Nome de Deus nunca foi Jeová, que é uma forma híbrida. O processo ocorreu porque entre 750 e 900 d.C. os Massoretas, escribas judeus, criaram os sinais vocálicos e no Nome Sagrado incluíram os sinais vocálicos de ʾăḏōnāy (אֲדֹנָי), ficando assim:

**YHWH** (יהוה) + ăōā (אֲדֹנָי) =

YaHoWaH ou Jehowah (Jeová).

A pronúncia mais correta seria Yahweh, Yawé ou Javé.

do povo. Encontramos neste contexto uma expressão de louvor a Deus:

> E os levitas Jesua, Cadmiel, Bani, Hasabneias, Serebias, Hodias, Sebanias e Petaías disseram: Levantai-vos, bendizei ao SENHOR, vosso Deus, de eternidade a eternidade. Bendito seja o teu glorioso nome, que está exaltado sobre toda bênção e louvor. Tu somente és SENHOR. Tu fizeste o céu e o céu dos céus, com todos os seus elementos, a terra e tudo quanto nela existe, os mares e tudo quanto neles há, e tu dás vida a todos os seres, e os exércitos do céu te adoram (Neemias 9:5,6)

O Sábio ressalta a segurança que o justo tem quando confia no Nome do Senhor: "O nome do SENHOR é uma torre forte; o justo corre para ela e permanece seguro" (Provérbios 18:10). O profeta Isaías ressalta que o Nome do Senhor traz segurança e firmeza: "Quem de vós teme o SENHOR? Que ele ouça a voz do seu servo. Aquele que anda em trevas e não tem luz confie no nome do SENHOR e firme-se sobre o seu Deus" (Isaías 50:10).

Mas, por que devemos ter esse respeito e dignidade em relação ao Nome? Lemos nas Escrituras: "Dize a Arão e a seus filhos que se abstenham das coisas sagradas que os israelitas consagram a mim, e que não profanem o meu santo nome. Eu sou o SENHOR" (Levítico 22:2). Deus advertiu Israel quanto a necessidade de honrar o nome do Senhor: "Se não tiveres o cuidado de guardar todas as palavras desta lei, que estão escritas neste livro, para temer o nome glorioso e temível do SENHOR, teu Deus" (Deuteronômio 28:58). O profeta Isaías também disse: "Mas, quando seus filhos virem a obra das minhas mãos no meio deles, santificarão o meu nome; sim, santificarão o Santo de Jacó e temerão o Deus de Israel" (Isaías 29:23).

O respeito ao Nome Sagrado implica que, ao pronunciarmos o Nome de Deus estamos atrelando o Seu caráter e pessoa àquilo que invocamos. Por exemplo, se você mente e coloca o Nome de Deus junto aquilo, como que tentando provar que o que diz é verdade, você está dizendo que Deus compactua com sua mentira. Lembram-se do deputado Rubens César Brunelli e o presidente da Câmara do Distrito Federal, Leonardo Prudente, abraçados com Durval Barbosa em 2009, orando depois de receberem a propina? O deputado "orou" assim:

> Pai, queremos te agradecer por estarmos aqui. Sabemos que somos falhos, que somos imperfeitos, mas queremos agradecer aos santos que nos purificam. Olha, nós somos gratos pelo amigo Durval, que tem sido um instrumento de bênção para as nossas vidas e para essa cidade, que o Senhor contemple as questões do seu coração. Santas são as investidas, Senhor, de homens malignos contra a vida dele, contra as nossas vidas. Nós precisamos dessa tua cobertura, dessa tua graça, da tua sabedoria. De pessoas que tenham, Senhor, armas para nos ajudar nessa guerra. E, acima de tudo, é o Senhor. Todas as armas podem ser falhas, todos os planejamentos podem falhar, todas nossas atividades, mas o Senhor nunca falha. O Senhor tem pessoas para condicionar e levar o coração para onde o Senhor quer. A sentença é o Senhor quem determina, o parecer e o despacho é o Senhor que faz acontecer. Nós precisamos de livramento na vida do Durval, dos seus filhos, familiares. Nós precisamos de uma cidade diferente, o Senhor tem uma cidade diferente para nós. Tu tens um novo templo para nós, Senhor. E eu creio, Senhor, na tua palavra. O Senhor é verdade, o Senhor é nossa Justiça. O Senhor é aquele que me abre as portas. Meu Deus, a palavra irá envergonhá-los, serão constituídos em nada aqueles que se levantarem contra nós. O Senhor um dia pegou um rei, o rei Nabucodonosor e fez ele pastar, comer capim, para entender que o Senhor prevalece. Meu Deus, nós estamos sendo alvo de petardos. Meu Deus, dá um jeito nessa situação. Tira esses homens do nosso caminho (ESTADO, 30/11/2009)[15].

Sabe como essa coisa ficou conhecida? Oração da propina. Agora uma coisa é certa: Essas pessoas não possuem nenhum temor de Deus, pois eles queriam arrastar o Santo Deus, de Nome excepcionalmente Santo e maravilhoso para uma lama dessas. É disso que fala o Mandamento: "Não tomarás o nome do SENHOR teu Deus em vão; porque o SENHOR não considerará inocente quem tomar o seu nome em vão" (Êxodo 20:7). O Nome do Senhor é digno de reverência e zelo porque aponta para o caráter Santo e Justo Dele.

### O Nome Santo

---

[15] ESTADÃO, Blogs João Bosco Rabello, Política direto de Brasília. Disponível em http://politica.estadao.com.br/blogs/joao-bosco/a-oracao-da-propina/. Acesso em 06ago2015.

Deus não brinca com o Seu nome. E era isto que Jesus queria ensinar aos seus discípulos: que o Senhor zela por seu nome, que Ele é fiel para cumprir todas as suas promessas, pois o Seu caráter é imutável.

Como nos diz o Pr. Pedro Moura: "Conhecer a Deus por seu nome, ou por seus nomes, é receber uma revelação do seu caráter e do modo como ele deseja se relacionar com suas criaturas" (MOURA, 2012, p. 32). Por esta razão podemos confiar no nome do Senhor. E quem Deus é? **Ele é...**

- ʾēl šadday, **O Deus Todo-Poderoso** (אֵל שַׁדַּי; Gênesis 17:1). Certamente é o Nome mais conhecido de Deus. El-Shadday, o Deus que apareceu a Abrão, mudou-lhe o nome para Abraão, assim como o nome de Sarai para Sara, sua esposa. Ali Deus prometeu-lhe um filho, mesmo diante do espanto de Abraão. El-Shadday é o Deus que é capaz de realizar todo e qualquer propósito, toda e qualquer façanha na vida do Seu povo e no mundo, por Seu grande e insuperável poder.
- ʾēl ʿôlām, **O Deus Eterno** (אֵל עוֹלָם; Gênesis 21:33). Deus cumpriu a promessa a Abraão e deu a ele e a Sara um filho, Isaque. Por volta dos três anos da criança, estando Abraão em Berseba adorou ao Senhor e chama-O de Deus Eterno. E aqui Eterno pode significar "[...] desde os tempos mais longínquos até os tempos mais distantes [...] assume o sentido de 'tempo contínuo (ilimitado, incalculável)', 'eternidade' [...]" (HARRIS, ARCHER, WALTKE, 1998, p. 1126). Isso significa que o Pai a quem adoramos não está preso aos limites do tempo humano.
- yhwh(ʾādōnāy) yirʾeʰ (יְהוָה יִרְאֶה׃) o SENHOR proverá (Gênesis 22:14). Abraão chamou o Senhor dessa forma no monte em que levou Isaque para ser sacrificado, que não ocorreu porque Deus não permitiu (Gênesis 22:12), provendo um cordeiro para o sacrifício. Hoje esse monte está no local onde está edificado O Domo da Rocha, a mesquita de Omar, no chamado Monte do Templo em Jerusalém. Deus é o provedor de todas as nossas necessidades e naquele dia Abraão teve uma antecipação do que Cristo faria no Gólgata, que fica próximo desse monte. Deus proveu a nós a salvação, não pelo sangue de Isaque, mas de Jesus, o Antítipo, "[...] o Cordeiro de Deus que tira o pecado do mundo" (João 1:29).
- Yahweh [yhwh; יהוה] o Eu Sou o que Sou (Êxodo 3:14). O Nome revelado no monte Sinai e que aparece nas Escrituras hebraicas com um total de 5321 vezes. Esse Nome é "[...] glorioso e temível do SENHOR, teu Deus" (Deuteronômio 28:58). Seu Nome traz à memória de que Ele é imutável, ou seja, podemos confiar plenamente porque Ele jamais mudará.
- yhwh (ʾādōnāy) nissî, O SENHOR é a minha bandeira (יְהוָה ׀ נִסִּי; Êxodo 17:15). Os amalequitas atacaram os israelitas que tinham saído do Egito. Ali Josué liderava o exército,

enquanto Moisés, Arão e Hur subiram um monte para orar e assim Deus deu vitória a Israel. Moisés edificou um altar e chamou assim. Uma bandeira ou estandarte, convocava as pessoas para alguma ação conjunta ou para alguma informação importante. Essa bandeira ficava num lugar alto e bem visível para a comunidade de modo que todos pudessem enxergá-lo ou servisse de esperança. O SENHOR é a nossa bandeira no sentido de ser o melhor lugar onde podemos estar, pois é ali que encontramos a vontade de Deus, a verdade e a esperança da nossa vida.

- yhwh(ʾāḏōnāy) šālôm, O SENHOR é paz (יְהוָה שָׁלוֹם; Juízes 6:24). Gideão chamou Deus dessa forma depois de reconhecer que quem falava com Ele era o próprio Deus. Isso significa que Gideão estava grato a Deus por não ter morrido na Presença Dele. A paz (šālôm) aqui é o resultado da atividade Divina que permite ao ser humano estar em Sua presença. Por isso Paulo diz que Cristo "[...] é a nossa paz [...]" (Efésios 2:14) e que por meio Dele fomos reconciliados com o Pai: "Portanto, justificados pela fé, temos paz com Deus, por meio de nosso Senhor Jesus Cristo" (Romanos 5:1). Somente por meio de Cristo entramos em paz com Deus, ou seja, não somos condenados.
- yhwh(ʾāḏōnāy) ṣiḏqēnû, O SENHOR nossa justiça (יְהוָה | צִדְקֵנוּ; Jeremias 23:6; 33:16). O profeta Jeremias nas duas vezes que pronuncia esse nome fala baseado na esperança messiânica, ou seja, é uma inferência a pessoa de Jesus Cristo. O sentido do nome é que a natureza e a vontade de Deus é retilínea, justa e correta. Jesus Cristo é quem nos justifica: "Daquele que não tinha pecado Deus fez um sacrifício pelo pecado em nosso favor, para que nele fôssemos feitos justiça de Deus" (2Coríntios 5:21).
- lyhwh(laʾḏōnāy) ṣəḇāʾôṯ, O SENHOR dos Exércitos (לַיהוָה צְבָאוֹת; 1Samuel 1:3; 17:45; Salmo 24:10). Esse nome ocorre 285 vezes e também pode significar "Yahweh o mais poderoso Guerreiro" ou "Yahweh o Rei todo-poderoso". O Senhor é Aquele que reina de forma suprema sobre as potências do mundo e representa um título de honra. Por isso, quando Isaías viu a glória de Deus no templo, ele tremeu pois estava diante do Deus Soberano. Por isso Davi declara:

> Levantai, ó portas, as vossas cabeças; levantai-vos, ó entradas eternas, para que entre o Rei da Glória. Quem é o Rei da Glória? O SENHOR forte e poderoso, o SENHOR poderoso na batalha. Erguei-vos, ó portas; erguei-vos, ó entradas eternas, para que entre o Rei da Glória. Quem é esse Rei da Glória? O SENHOR dos Exércitos; ele é o Rei da Glória (Salmo 24:7-10)

Davi transmite assim que o SENHOR é o Rei glorioso, digno de ser reverenciado. Por isso Asafe declara que o altar do SENHOR dos Exércitos é um lugar seguro: "Junto aos teus altares, até o pardal encontrou casa, e a andorinha, ninho para si, onde possa proteger seus filhotes, ó SENHOR dos Exércitos, meu Rei e meu Deus" (Salmo 84:3).

O Seu nome revela o Seu caráter, a Sua fidelidade e amor. Por isso devemos falar com reverência, amor e devoção o nome do Senhor. Quando oramos, "santificado seja o teu nome", estamos dizendo que Nome do Pai é santo, assim como a Sua pessoa. Jesus conhecia este Deus pessoal, santo, amoroso e digno de confiança. Por esta razão Jesus podia orar: "Meu Pai, que conheço profundamente, tu que estás no lugar da tua santidade, que revela o perdão, a misericórdia e o amor [...] tu és Santo em todo o teu ser, e teu nome também revela a imutabilidade do teu caráter".

Infelizmente a grande maioria daqueles que se dizem cristãos confiam num Deus que é uma incógnita, alguém impessoal. Vivemos um ateísmo prático, pois estes cristãos que dizem crer Nele na realidade vivem como se Ele não existisse. Vivem apenas no nível da religião fria e calculista, nunca tiveram uma experiência com Ele, possuindo apenas uma concepção empírica de Deus. Como diria Tozer: "Substituímos um notável encontro por ideias teológicas; estamos cheios de noções religiosas, mas a nossa grande fraqueza é que para os nossos corações não existe ninguém" (TOZER, 1987, p.16). Falta para muitos um encontro genuíno com Deus. Falta amor, desprendimento e vontade para conhecê-lO, disposição para ler a Palavra, e coragem para ser diferente.

Será que conhecemos a Deus? Qual a nossa relação com Deus? Conseguimos vê-lO como o Pai celestial? Ou ainda estamos perdidos em concepções religiosas equivocadas? Tozer escreveu assim: "A diferença entre uma grande vida cristã e outra qualquer está na qualidade dos nossos conceitos religiosos [...]" (TOZER, 1987, p.12). O nosso conceito de Deus é bíblico, nascido de uma reflexão bíblica apurada, debaixo da direção do Espírito Santo ou é carnal, puramente religiosa e humana? Será que a vida que estamos vivendo está de acordo com a vontade de Deus?

É hora de mudar e ver a Deus como Ele é de fato. Este é o tempo de vislumbrar a concepção de Jesus e o que ele queria ensinar ao orar: "Pai nosso que estás nos céus, santificado seja o teu nome".

# 2

# A SOBERANIA DE DEUS

"venha o teu reino, seja feita a tua vontade, assim na terra como no céu"

Mateus 6:10

Nós temos vivido um tempo em que ser cristão hoje está resumido numa ideia estranha de estar dentro de alguma igreja, não importando a doutrina, mas que faça bem à pessoa. Hoje o que importa é o movimento, a novidade, e não uma reflexão apurada da Palavra de Deus. Os cristãos contemporâneos estão somente preocupados em viver o cristianismo dentro das quatro paredes do templo em que Deus é apenas um "mágico" que faz algumas ilusões para entreter a vida religiosa. Tudo isto faz parte da influência pós-moderna na vida de muitos que frequentam as nossas igrejas que, sem perceberem, estão sendo levados pelo espírito desta época e de forma utilitarista se relacionam com Deus. Temos, então, uma conclusão muito clara: o cristianismo de nosso tempo é um cristianismo descompromissado.

O que significa dizer que Deus é soberano? Significa dizer que Deus é Rei, que Deus é Deus, que Ele é o Altíssimo, e que faz tudo conforme a Sua vontade, tanto nas hostes celestiais como entre os habitantes da terra, de modo que nada pode deter Sua mão, nem dizer: "[...] Que fazes?" (Daniel 4:35). Afirmar que Deus é Soberano é declarar que Ele é Onipotente, o Possuidor de todo poder, tanto nos céus como na terra, de modo que nada pode frustrar seus conselhos, impedir Seus propósitos, nem resistir Sua vontade (Salmo 115:3). Dizer que Deus é Soberano é declarar que "[...] é ele quem governa as nações" (Salmo 22:28), levantando reinos, derrubando impérios e determinando o curso das dinastias segundo lhe agrada. Dizer que Deus é Soberano é declarar que Ele é "[...] o bem-aventurado e único soberano, Rei dos reis e Senhor dos senhores" (1Timóteo 6:15).

Quão diferente é o Deus da Bíblia do deus da moderna cristandade! O conceito de divindade hoje em dia predomina mais amplamente, entre alguns que professam estar atentos às Escrituras, é uma pobre caricatura, uma patética paródia da verdade. O deus do século XX e que segue no século XXI é um ser impotente, frágil, que não inspira respeito a nada que tenha dois dedos a frente. O deus do sentimento popular é a criação de um sentimentalismo lacrimoso. O deus de muitos púlpitos da atualidade é mais digno de compaixão do que de temor reverente. Dizer que Deus Pai se propôs a salvar toda humanidade, que o Deus Filho morreu com a intenção expressa de salvar toda a raça humana, que o Deus Espírito Santo agora está procurando ganhar o mundo para Cristo, quando, segundo podemos observar comumente, é óbvio que a grande maioria dos nossos semelhantes estão no mundo morrendo no pecado e com uma perspectiva sombria de uma eternidade sem esperança, equivale dizer que o Deus Pai está decepcionado, que o Deus Filho está insatisfeito e que o Deus Espírito Santo está derrotado.

**Senhorio de Cristo**

Nós precisamos aprender que não existe cristianismo verdadeiro sem uma clara e inequívoca compreensão do Senhorio de Cristo. **Cristianismo sem cruz é mentira**. O cristianismo tem a ver com conversão, arrependimento, obediência e acima de tudo compromisso. O que vemos é que poucas pessoas querem, realmente se submeter ao Reino de Deus. Ora, se o ser humano continua a rebelar-se contra Deus não pode ser salvo. Ou como diz acertadamente John MacArthur: "A marca da fé salvadora é a rendição ao senhorio de Jesus Cristo. O teste definitivo, se uma pessoa pertence a Cristo ou não, é uma disposição para render-se à sua autoridade" (2008, p.281).

Quantas vezes não ouvimos, de forma jocosa, a expressão: "Venha a nós, venha a nós, vosso reino... nada"? Mas é justamente isto que acontece entre o ser humano e Deus. Desde a queda o ser humano é uma criatura em constante rebeldia contra Deus, de modo que a humanidade não quer se submeter à Soberania de Deus. Bênçãos, curas, milagres? Ah! Isso sim, todos querem receber; responsabilidades, sofrimento, sujeição e renúncia, isso não!

Jesus sabia que Deus não era somente um Pai celestial, Santo e de caráter confiável; Ele é também Senhor absoluto de todas as coisas. Mas infelizmente muitos só querem vê-lO dessa forma paterna; pior, concebem-nO como um pai tolo e bonachão, que só dá e nunca exige, baseado na falsa premissa de que Ele é amor. A noção de Deus como um Pai Santo e Senhor não é conhecido para a grande maioria das pessoas que insistem num pai que ama, mas que nunca exige de seus filhos responsabilidades. Todavia, segundo as Escrituras quem não se comporta como filho, então é bastardo.

A Escritura declara:

> No combate contra o pecado, ainda não haveis resistido a ponto de derramar sangue. Já vos esquecestes do ânimo de que ele vos fala como a filhos: Filho meu, não desprezes a disciplina do Senhor, nem fiques desanimado quando por ele és repreendido. Pois o Senhor disciplina a quem ama e pune a todo que recebe como filho. É visando à disciplina que perseverais. Deus vos trata como filhos. Pois qual é o filho a quem o pai não disciplina? Mas, se estais sem disciplina, da qual todos se têm tornado participantes, então, não sois filhos, mas filhos ilegítimos. Além disso, tínhamos nossos pais humanos para nos disciplinar, e nós os respeitávamos. Logo, não nos sujeitaremos muito mais ao Pai dos espíritos, e assim viveremos? Pois eles nos disciplinaram durante pouco tempo, como bem lhes parecia, mas Deus nos disciplina para o nosso bem, para sermos participantes da sua santidade. Nenhuma disciplina parece no momento motivo de alegria, mas de tristeza. Depois, porém, produz um fruto pacífico de justiça nos que por ela têm sido exercitados (Hebreus 12:4-11)

Que dura é esta palavra, mas é a verdade absoluta. Quem não se submete a fazer a vontade de Deus não pode ser seu filho. Portanto, Jesus sabia que existia o Reino do Pai, a Soberania de Deus. E na oração, Ele pretendia ensinar aos Seus discípulos o que vem a ser submeter-se à Soberana ação de Deus no mundo.

**A Soberania de Deus e a vinda do Reino**

Jesus orou: "venha o teu reino [...]". O reino dos céus ou o reino de Deus é o tema central da pregação de Jesus. O Evangelho de Marcos nos diz que "[...] Jesus foi para a Galiléia, pregando o evangelho de Deus e dizendo: Completou-se o tempo, e o reino de Deus está próximo. Arrependei-vos e crede no evangelho" (Marcos 1:14,15). Jesus pregava o evangelho do Reino de Deus. Não era um evangelho antijudeu nem um evangelho de benefícios, mas um evangelho que enfatizava os benefícios e a condição para que pudéssemos ser salvos: "[...] Arrependei-vos e crede no evangelho" (v.15). Veja que Jesus enfatiza mais a condição do que os benefícios. Tem que ocorrer um arrependimento e crer na boa nova que é o evangelho.

Lucas também ressalta a percepção de Jesus e Sua missão: "Ele, porém, lhes disse: É necessário que eu anuncie o evangelho do reino de Deus também às outras cidades; pois foi para isso que fui enviado" (Lucas 4:43). Mais à frente podemos ler: "Depois dessas coisas, Jesus começou a andar de cidade em cidade, e de povoado em povoado, pregando e anunciando o evangelho do reino de Deus [...]" (Lucas 8:1).

A Bíblia diz que Ele ia de cidade em cidade pregando a mesma coisa. Quem sabe os discípulos pensavam: "Agora Ele vai falar de outra coisa". Mas de repente Jesus começava dizendo: "O Reino de Deus é...". E assim por diante Jesus sempre pregava a mesma mensagem. E na próxima cidade os discípulos já sabiam qual era a mensagem. O mais interessante é que, quando fez um treinamento prático com os discípulos, a Bíblia diz assim: "e os enviou a pregar o reino de Deus e a realizar curas" (Lucas 9:2).

No Evangelho de Mateus encontramos a Bíblia dizer: "Daí em diante, Jesus começou a pregar, dizendo: Arrependei-vos, porque o reino do céu chegou" (Mateus 4:17). Percebamos que os evangelhos sinópticos[16] nos mostram a mesma coisa. Não há diferença entre "Reino dos céus" e "Reino de Deus". Marcos e Lucas se utilizam de "reino de Deus", porque seus evangelhos foram escritos aos gentios e, portanto mais compreensível. Mateus se utiliza de "reino dos céus", porque seu evangelho foi escrito aos judeus. A expressão "dos céus" é usada para evitar o uso do nome de Deus

[16] Os Evangelhos de Mateus, Marcos e Lucas são chamados também de *Evangelhos Sinópticos*, por conterem uma grande quantidade de histórias em comum, na mesma sequencia, e algumas vezes, utilizando exatamente a mesma estrutura de palavras. Tal grau de paralelismo relativo ao conteúdo, narrativa, linguagem e estruturas das frases, somente pode ocorrer em uma literatura interdependente.

e indica o reino daquele que está nos céus. Só no evangelho de Mateus este termo ocorre cerca de trinta vezes.

Jesus conhecia este reino e veio estabelecê-lo entre nós. O grande problema não está em Deus, mas no homem, e Jesus sabia disto. Por esta razão ensina os discípulos a orarem ao Pai soberano. John Stott escreve assim: "Orar que o seu reino 'venha' é orar que ele cresça à medida que as pessoas se submetem a Jesus através do testemunho da Igreja, e que logo ele seja consumado com a volta de Jesus em glória para assumir o seu poder e o seu reino" (STOTT, 1989, p. 151).

Quando nós oramos, "venha o teu reino", estamos afirmando que Deus é o Senhor, que somos Seus servos e que nos submetemos a Ele. "Venha o teu reino" implica em anunciar o Evangelho aos seres humanos no cumprimento da Grande Comissão; "venha o teu reino" significa ensinar o Evangelho, proclamando-o em nossos relacionamentos pessoais, abrindo nossa casa para que outros encontrem a Palavra viva que transforma o ser humano. "Venha o teu reino" significa cuidar dos pobres, repartir com generosidade as bênçãos de Deus; "venha o teu reino" significa distribuir a Palavra de Deus, fazer a obra missionária, expandir a causa do Senhor.

Mas o que mais me incomoda é que muitos fazem essa oração, mas poucos querem que essa declaração se cumpra na realidade. Na verdade muitos mudam a oração na prática, pois ao invés de pedir que o Reino de Deus venha, essas pessoas oram: "Venha o meu reino". Mas como assim, "venha o meu reino"? Sim, essa oração é feita por muitos, inclusive crentes, quando agem como Judas Iscariotes e interpõe suas vontades no lugar da vontade soberana de Deus.

O que Judas fez? Diz a Palavra de Deus que Maria, irmã de Marta e Lázaro, ungiu os pés de Jesus "[...] tomando um frasco de bálsamo de nardo puro, de alto preço [...]" (João 12:3). O perfume encheu toda a casa, e certamente produziu um tipo de estranheza entre os convidados. Judas disse: "Por que este bálsamo não foi vendido por trezentos denários, e o dinheiro, dado aos pobres?" (12:5). Mateus vai dizer algo mais: "Quando os discípulos viram isso, ficaram indignados e disseram: Para que esse desperdício?" (Mateus 26:8). Ungir ao Senhor Jesus era um desperdício para os discípulos, principalmente para Judas, pois "Ele disse isso não porque se preocupasse com os pobres, mas porque era ladrão [...]" (João 12:6).

Para ilustrar melhor vou contar uma história que li. O Pr. Pedro Moura, teólogo e revisor geral da Bíblia Almeida Século 21 estava numa igreja e estava explicando os desafios da tradução da Bíblia, citando como exemplo os elevados custos e o tempo despendido na tradução para uma pequena comunidade indígena. No final do culto um líder da igreja lhe perguntou: "Você acha que vale a pena gastar tanto dinheiro e tanto tempo para traduzir a Bíblia para um grupinho tão pequeno de índios?". Esse tipo de pensamento mundano é o que significa "venha o meu reino", pois vê as coisas de Deus como desperdício.

Infelizmente a cristandade atual vê o Reino de Deus e sua expansão como um desperdício. Dinheiro para traduzir a Bíblia é desperdício, oferta missionária é desperdício, bem como todo esforço para ampliar a ação do Reino de Deus. Para muitos crentes hoje em dia é mais cômodo o "venha o meu reino", pois a grande maioria das pessoas só busca a Deus para resolver problemas pessoais. Muitos pastores e líderes o reino que lhes interessa é o deles mesmos, que fazem da igreja um "negócio", como diz Pedro: "*Movidos pela ganância, também vos explorarão com suas artimanhas* [...]" (2Pedro 2:3a).

Portanto, orar "venha o teu reino" significa orar pela manifestação plena do Reino de Deus, para a concretização perfeita do eterno propósito de Deus. Mas quem pode fazer essa oração? O Reverendo Hermisten Maia diz: "Quem ora pela vinda do Reino é porque já conhece o Reino, já usufrui das suas riquezas, já provou da sua bem-aventurança (Rm 14.17). Somente o cidadão do Reino pode dizer de forma consciente: 'Venha o teu Reino'. Por isso, ele ora para que o Reino já presente venha em toda a sua plenitude sobre todos" (MAIA, 2001, p.36).

### A implantação do Reino

Tanto o Antigo como o Novo Testamento fala da implantação desse reino. O profeta Isaías declarou abertamente sobre o Reino do Messias: "O seu domínio aumentará, e haverá paz sem fim sobre o trono de Davi e sobre o seu reino, para estabelecê-lo e firmá-lo em retidão e em justiça, desde agora e para sempre. O zelo do SENHOR dos Exércitos fará isso" (Isaías 9:7).

Em outra passagem messiânica o profeta Isaías mostra as características desse reino:

> Um ramo brotará do tronco de Jessé, e um renovo frutificará das suas raízes. O Espírito do SENHOR repousará sobre ele, o espírito de sabedoria e de entendimento, o espírito de conselho e de fortaleza, o espírito de conhecimento e de temor do SENHOR. Ele se inspirará no temor do SENHOR; e não julgará pela aparência, nem decidirá pelo que ouvir dizer; mas julgará os pobres com justiça e defenderá os humildes da terra sem parcialidade; ferirá a terra com palavras de juízo e matará o ímpio com o seu sopro. A justiça será o cinto do seu peito, e a fidelidade, o cinto de sua cintura. O lobo habitará com o cordeiro, e o leopardo se deitará com o cabrito. O bezerro, o leão e o animal de engorda viverão juntos; e um menino pequeno os conduzirá (Isaías 11:1-6)

Fica evidente nas profecias de Isaías que o Reino de Deus é um reino diferente, principalmente se levarmos em consideração os reinos humanos vistos até então. Existe um tripé que é característico desse reino**: paz, justiça e retidão**. Esse rei governará com sabedoria e conhecimento, de modo que todos são beneficiados.

Outro fator importante é a durabilidade desse reino: "O teu reino é eterno; o teu domínio dura por todas as gerações" (Salmo 145:13). Ou seja, ele não é temporário, mas dura desde sempre, pois está alicerçado na própria pessoa de Deus. Diante dos reinos humanos "[...] o Deus do céu levantará um reino que não será jamais destruído. A soberania desse reino não passará a outro povo, mas ele destruirá e consumirá todos esses reinos, e subsistirá para sempre" (Daniel 2:44). O profeta Daniel teve um vislumbre desse reino:

> Eu estava olhando nas minhas visões noturnas e vi que alguém parecido com filho de homem vinha nas nuvens do céu. Ele se dirigiu ao ancião bem idoso e a ele foi levado. E foi-lhe dado domínio, e glória, e um reino, para que todos os povos, nações e línguas o servissem; o seu domínio é um domínio eterno, que não passará, e o seu reino é tal que não será destruído (Daniel 7:13,14)

O profeta fala desse reino celestial que tem o *Filho do homem*[17] como aquele que recebe o poder e o domínio sobre todas as nações. O termo *Filho do Homem* aponta para algo exaltado, entretanto Jesus o aplicou para falar de Sua exaltação como sacrifício perfeito: "Assim como Moisés levantou a serpente no deserto, também é necessário que o Filho do homem seja levantado; para que todo aquele que nele crê tenha a vida eterna" (João 3:14,15). Levantar (**ὑψόω**; *hypsóô*) aqui denota tanto ser levantado no espaço como ser exaltado na glória. Ou seja, Jesus é glorificado sendo crucificado. Jesus disse: "[...] Quando tiverdes levantado o Filho do homem, então sabereis que Eu Sou e que nada faço por mim mesmo; mas falo como o Pai me ensinou" (João 8:28). A Escritura também diz: "Jesus lhes respondeu: Chegou a hora de ser glorificado o Filho do homem [...] E eu, quando for levantado da terra, atrairei todos a mim [...]" (João 12:23,32).

Aqui chegamos ao ponto fundamental: **A maior glória de Deus foi morrer pelos pecadores.** O Senhor Glorioso do céu morreu numa cruz e esse foi Seu maior ato. Por isso o Evangelho escandaliza, pois quando falamos de glória, geralmente pensamos em grandeza. Mas a maior glória que podemos contemplar de Deus é olhar para a cruz e ver como o Filho de Deus, o Rei de Israel, o Filho do Homem, desceu de Sua glória para morrer por pecadores indignos. Isso deveria gerar em nós um temor e um tremor; deveria gerar uma adoração tão profunda que nos lançaríamos ao chão em humilhação total diante Daquele que morreu e ressuscitou por nós. A graça de Jesus nos faz ver o quanto à salvação – que tantos às vezes se orgulham em possuir – nada mais é um ato glorioso que parte de Deus, depende Dele e volta para Ele com vidas que se rendem ao mais profundo e simples amor de Deus.

Por isso a implantação do Reino de Deus está indissoluvelmente ligada à pessoa de Jesus Cristo. Como bem disse Orígenes (185-254 d.C.), Jesus Cristo era a **autobasileia, o reino em pessoa.** Vemos isso no anúncio de Gabriel: "Ele será grande e se chamará Filho do Altíssimo; o Senhor Deus lhe dará o trono de Davi, seu pai; ele reinará eternamente sobre a descendência de Jacó, e seu reino

---

[17] Essa expressão *Filho do homem* tem duas conotações. A primeira ligada ao descendente davídico como Rei de Israel (Mateus 19:18). Mas a segunda conotação é como Cabeça da humanidade restaurada – que neste caso corresponde com o horizonte amplo da profecia de Daniel.

não terá fim" (Lucas 1:32,33). A implantação deste reino se deu com o nascimento de Jesus e a formação de sua igreja, e será concretizada na sua segunda vinda: "O sétimo anjo tocou sua trombeta, e surgiram no céu fortes vozes, que diziam: O reino do mundo passou a ser de nosso Senhor e de seu Cristo, e ele reinará pelos séculos dos séculos" (Apocalipse 11:15).

**Imagens do Reino**

Uma das formas que Jesus usava para exemplificar Sua mensagem era o uso de parábolas[18]. Nestas parábolas, assim como na oração de Jesus, podemos ver algumas coisas importantes sobre o reino de Deus. Mas o que a Bíblia quer dizer sobre o reino de Deus? Ficam evidentes algumas ideias importantes.

**A primeira é que o reino não é deste mundo.** Jesus diante de Pilatos declarou o que na verdade era o reino de Deus: "O meu reino não é deste mundo. Se o meu reino fosse deste mundo, os meus servos lutariam para que eu não fosse entregue aos judeus. Entretanto, o meu reino não é daqui" (João 18:36). Não era político, movido por esquemas, por corrupções ou quaisquer outros motivos humanos. Este reino era espiritual, um reino incorruptível.

**Em segundo lugar, é um reino de poder.** O reino de Deus não é baseado em falácias e nem em falatórios. Não consiste de persuasão humana, mas de poder divino, capaz de mudar o pior dos homens: "Porque o reino de Deus não consiste em palavras, mas em poder" (1Coríntios 4:20). E o poder de Deus é o Evangelho: "Porque não me envergonho do evangelho, pois é o poder de Deus para a salvação de todo aquele que crê [...]" (Romanos 1:16), poder que transforma judeu, grego, homem, mulher, jovem, adulto e qualquer pessoa que venha a crer em Cristo. Quando alguém experimenta a conversão passa a desfrutar do maior milagre e a maior demonstração do poder do Reino de Deus.

**Em terceiro lugar vemos a importância do Reino demonstrada por Jesus por meio de sete pequenas parábolas (Mateus 13).** O Senhor sentou-se a beira-mar e passou a ensinar a multidão com essas parábolas que expressam a beleza e o valor do Reino:

- **O Semeador (Mateus 13:1-23).** O reino é pregado, nem todos aceitam, mas os que recebem a palavra de bom grado, estes produzem frutos. Todos que estão dispostos a se submeter ao reino produzem frutos. Como é triste ver que muitos crentes estão sufocados pelos prazeres do mundo e não estão produzindo frutos para a glória de Deus.

[18] Narração alegórica que envolve algum preceito moral ou verdade importante.

- **O joio e o trigo (Mateus 13:24-30; 36-43).** O reino que está entre nós será revelado de forma inconfundível no juízo. Há pessoas que saem das igrejas porque viram pessoas agindo como não cristãs, dando um péssimo testemunho e não se importando com aquilo que Deus deseja. Não devemos nos perturbar, pois o Senhor está vendo a cada um de nós e todos daremos contas a Deus (Provérbios 24:12; Eclesiastes 11:9). Um dia veremos a Igreja perfeita.
- **O grão de mostarda (Mateus 13:31,32).** O reino é abrangente e Jesus mostra que todos os que se aproximam encontram repouso. É pena que nem todos percebem isto e não desejam "aninhar-se nos seus ramos".
- **O fermento (Mateus 13:33).** O reino é influência no meio da multidão. Da mesma forma que um fermento age dentro da massa, assim também é o evangelho na vida daquele que segue ao Senhor. O evangelho vai transformando e influenciando, dando nova forma ao caráter do cristão.
- **O tesouro escondido (Mateus 13:44).** O reino é um tesouro maravilhoso que se encontra na pessoa de Jesus Cristo. Aquele que torna Cristo o seu maior tesouro enche de alegria sua existência.
- **A pérola (Mateus 13:45,46).** O reino é de valor incomparável. Esta parábola e a do tesouro escondido estão intimamente ligadas. Nada no mundo se compara ao valor deste reino. Quem o encontra é realmente capaz de deixar tudo, de vender tudo por ele.
- **A rede (Mateus 13:47-50).** O reino é proclamado a todos, mas reservado apenas aos justos. Este reino está sendo pregado todos os dias, mas ele pertence aos justos. E justos não são os "bonzinhos" e, sim, aqueles que foram justificados pela fé em Cristo Jesus (Romanos 5:1), que tiveram as suas vestes lavadas no precioso sangue do Cordeiro (Apocalipse 7:9-17).

O Pai nosso, Celestial, Santo e Digno é o Senhor absoluto de todas as coisas, manifestando Seu reino por meio de Seu Filho Jesus Cristo. Só é possível orar para a vinda do Reino quem pertence ao Reino. A pergunta principal é: **Jesus Cristo é o Senhor de sua vida?** Você se submete ao senhorio de Cristo, a ponto de estar totalmente disponível a Ele? Se sim, então isso significa que você é parte do reino de Deus. Mas se "não", isso significa que você precisa render-se a Cristo, pois sem Cristo o Reino de Deus não é possível na vida.

Para aqueles que um dia disseram "sim" ao chamado de Deus, tornando Cristo como Senhor, somos chamados todos os dias à obediência, chamados a servir a Deus, implantando o reino neste mundo tão carente da graça de Deus. É tempo de que os cristãos tornem-se participantes comprometidos, pregando e vivendo a Palavra, orando, discipulando, intercedendo e colocando as mãos no arado (Lucas 9:62). Só podemos orar com convicção "venha o teu reino" se nossa submissão ao Senhor for total e completa, de forma que Sua vontade seja manifestada a nós com poder.

**A Soberania de Deus a Partir da vontade de Deus**

Jesus está ensinando Seus discípulos quanto ao Pai soberano e continua sua oração declarando: "[...] seja feita a tua vontade, assim na terra como no céu". Quais as implicações dessa expressão? O que significa a vontade de Deus ser satisfeita na terra como é no céu?

Conta-se que certo rei perdeu um dos dedos. O seu primeiro-ministro lhe disse:

- "Tudo o que Deus faz é bom". O rei ficou tão irado que mandou prender o primeiro-ministro.

Um dia o rei foi caçar. O primeiro-ministro era seu companheiro de caça, mas o rei não o soltou da prisão e decidiu caçar sozinho. Na floresta o rei foi emboscado por uma tribo de canibais e estes o levaram até a tribo a fim de jantá-lo. Mas quando foram examiná-lo, viram que ele não tinha um dos dedos. Sendo assim, não podiam comê-lo e o mandaram embora.

Quando o rei chegou ao palácio, mandou que soltassem o primeiro-ministro e o rei relatou tudo o que aconteceu e disse:

- "Realmente, tudo o que Deus faz é bom".

E o primeiro-ministro completou:

- "Sim, o senhor está certo, porque se o rei tivesse me chamado para caçar, então eu seria o jantar. Sim, tudo o que Deus faz é bom".

Esta pequena estória serve para ilustrarmos uma verdade tremenda. O que Deus faz não é aceito por nós naquele momento, sendo só percebido depois o quanto a Sua vontade é "[...] boa, agradável e perfeita" (Romanos 12:2). Nutrimos em nosso ser um espírito sempre crítico e incrédulo, colocando Deus sempre em dúvidas. Será que você consegue entender a vontade de Deus em sua vida? Você tem coragem e confiança em orar: "seja feita a tua vontade, assim na terra como no céu"?

Jesus sabia que a soberania de Deus é plenamente exercida a partir de Sua vontade na vida do homem. Ele queria que Seus discípulos, ao orarem, tivessem o coração confiante na plena vontade de Deus. Muitos de nós gostamos de orar pedindo ao Senhor que revele a Sua vontade, mas na realidade, queremos que Ele faça a nossa vontade e o nosso querer. A razão de termos cristãos rebeldes, que não admitem que a vontade do Senhor seja soberana, é que estes ainda não tiveram o que Tozer chama de "Vitória mediante Derrota". O que seria isto? Diz Tozer: "As experiências dos homens que andaram com Deus na antiguidade concordam no ensino de que o Senhor não pode abençoar plenamente um homem enquanto não o tiver vencido" (TOZER, 1989, p.35). Os cristãos de hoje só querem saber o quanto Deus pode fazer por eles, que carro importado lhes dará, quanto irão ganhar no mês, enfim, podemos ver que os cristãos de hoje não querem saber de cruz, de que o sofrimento pode ser um excelente exercício para fé, e tantas advertências da Palavra sobre uma vida justa, sóbria e piedosa (Tito 2:11,12). Deus tem que vencer o nosso desejo, a nossa rebeldia, a nossa vontade de dominar. E aí sim, quando Ele vence e Sua vontade se torna soberana, nós podemos ser abençoados.

Jesus joga um balde de água fria em quem pensa querer barganhar com Deus, ou quem ache que Deus é uma marionete. A expressão de Jesus é contundente: "[...] assim na terra como no céu". O céu é o exemplo perfeito, o padrão perfeito daquilo que deve ser exercido na vida do cristão. Diz Stott: "O que Jesus nos incita a orar é que a vida na terra se aproxime o mais possível da vida no céu [...]" (STOTT, 1989, p. 151). Dr. Martyn Lloyd Jones diz que "O supremo desejo de todos no céu é fazer a vontade de Deus, e assim, louvá-Lo e adorá-Lo" (JONES, 2014, p.350). Portanto, a nossa oração deve ser: "Senhor, que a tua vontade seja soberana em minha vida. Da mesma forma que os anjos te obedecem, eu quero te obedecer". Falta coragem para muitos que se dizem cristãos orar desta forma. Com isto Jesus nos ensina algumas verdades sobre a soberana vontade do Pai.

**Submetendo-se à vontade de Deus pela obediência**

Não é fácil se submeter à vontade soberana de Deus, pois a nossa natureza humana luta contra essa obediência reverente. No livro de Samuel (1Samuel 13:8-15; 15:13-23) encontramos a obediência exterior e aquela feita sob o reconhecimento da grandeza de Deus; essa era a grande diferença entre Saul e Davi. Enquanto Davi era um homem segundo o coração de Deus, que nutria dentro de si um temor e desejo de obedecer ao Senhor, Saul era seguro de si mesmo, sempre pronto a fazer aquilo que pensava ser o melhor.

Na primeira passagem podemos ver Saul oferecendo um sacrifício que não lhe era permitido realizar. O pior é que ele desobedeceu à palavra de Samuel; o profeta tinha prometido chegar a tempo para fazer o sacrifício. Mas Saul na sua inquietação agiu precipitadamente e não creu na proteção do Senhor:

Então Samuel perguntou: Que fizeste? Saul respondeu: Vi que o exército estava me abandonando e se dispersando, e que tu não chegavas no tempo determinado, e que os filisteus já estavam reunidos em Micmás, então eu disse: Agora os filisteus me atacarão em Gilgal, e eu ainda não busquei o favor do SENHOR. Assim me senti pressionado e ofereci o holocausto (1Samuel 13:11,12)

Diante do questionamento do profeta Saul tenta colocar nas circunstâncias a razão de sua atitude. E isso ocorre até hoje, pois quantos em nossas igrejas não falam assim para Deus? Quantos não estão colocando a razão de sua desobediência nas "circunstâncias"? Falta para muitos de nós uma consciência de que servir a Deus é acima de tudo obedecer (Salmo 51:16-17).

Já na segunda passagem novamente Saul não observa a Palavra do Senhor. Diz o texto que o Senhor falou com Samuel de sua tristeza por ter "constituído rei a Saul". O que mais chama a atenção é que Samuel clamou ao Senhor durante toda noite. Mas não havia mais como Deus ter ao seu lado um servo desobediente. Quando Samuel chega ao acampamento e vê a relutância de Saul em reconhecer o seu erro, o profeta é enfático:

Mas Samuel disse: Por acaso o SENHOR tem tanto prazer em holocaustos e sacrifícios quanto em que se obedeça à sua voz? Obedecer é melhor que oferecer sacrifícios, e o atender, melhor que a gordura de carneiros. Pois a rebelião é como o pecado de adivinhação, e a obstinação, como a maldade da idolatria. Visto que rejeitaste a palavra do SENHOR, ele também te rejeitou como rei (1Samuel15:22-23).

Muitos até hoje seguem esse mesmo modelo: vivem nas igrejas, participam de todos os cultos, às vezes todos os dias da semana, em um "frenesi" espiritual, "amarrando" todos os principados e demônios, mas fora das igrejas vivem totalmente ao contrário daquilo que o Senhor determinou! Deus não precisa de sacrifícios e sim de servos que estejam dispostos a seguir e a obedecer à sua Palavra. Se quisermos a vontade de Deus entre nós temos que primeiro nos comprometer com o Senhor, obedecendo a Ele não forçadamente, mas com amor sabendo e confiando que Ele é fiel em fazer o melhor para nós. Obedecer não é opção, é exigência.

Olhando as Escrituras podemos ver vários homens de Deus que foram vitoriosos a partir do momento que submeteram sua vontade à de Deus (Abraão, Gênesis 12:1-4; Josué, Josué 11:15; Elias, 1Reis 17:5; Zorobabel, Ageu 1:12). Como disse Tozer: "A libertação somente pode vir-nos pela derrota da nossa antiga vida. A segurança e a paz só nos podem vir depois de nos termos forçado sobre os nossos joelhos. Deus nos resgata rompendo-nos, despedaçando-nos a nossa força e eliminando a nossa resistência" (TOZER, 1987, p.38). Deixemos a nossa vontade de lado e obedeçamos àquilo que Ele nos designar, pois só assim poderemos servi-lo com inteireza de coração.

### A vontade de Deus e Seus atributos incomunicáveis

Deus possui atributos incomunicáveis que são inerentes à Sua pessoa: onipotência, onisciência e onipresença. Estes atributos de Deus eram conhecidos de Jesus, de modo que podia confiar na vontade de Deus porque Ele tem poder para isso. Langston classifica estes atributos de Deus de atributos naturais, ou seja, que fazem parte de Sua natureza: "Deus existe como um Espírito Pessoal e os seus atributos lhe são inerentes, porque representam o seu modo de proceder e as suas qualidades morais" (LANGSNTON, 1999, p. 49). Erickson chama os atributos naturais de Deus de atributos de grandeza, em que ele determina a grandeza de Deus na Sua espiritualidade, vida, personalidade, infinitude e constância. Para ele "Deus é infinito. Isso significa não apenas que Deus é ilimitado, mas que é ilimitável. Nesse aspecto, Deus é diferente de qualquer coisa dentro de nossa experiência" (1997, p.111). Berkhof já chama estes atributos de incomunicáveis: "Ele é O Infinito, que não existe em relações necessárias, quaisquer que sejam, porque Ele é autossuficiente, mas ao mesmo tempo pode entrar livremente em várias relações com Sua criação como um todo e com Suas criaturas" (1996, p. 60). Os atributos incomunicáveis para esse último autor salientam o Ser Absoluto de Deus.

O que mais nos chama a atenção é que muitos cristãos conhecem estes atributos – ou pelo menos dizem conhecer –, mas não confiam completamente os seus problemas aos cuidados do soberano Deus. Será que realmente conhecemos a Deus como este Ser soberano e fiel? Quando oramos e colocamos os nossos pedidos na presença de Deus, será que confiamos o suficiente Nele?

Muitos de nós conhecemos apenas teoricamente estes atributos de Deus. O que é Onisciência, Onipotência e Onipresença? Vejamos o que a Bíblia diz sobre estes atributos maravilhosos de Deus.

> SENHOR, tu me sondas e me conheces. Sabes quando me sento e quando me levanto; conheces de longe o meu pensamento. Examinas o meu andar e o meu deitar; conheces todos os meus caminhos. Antes mesmo que a palavra me chegue à língua, tu, SENHOR, já a conheces toda (Salmo 139:1-4)

Davi não tinha nenhuma pretensão de fazer com este Salmo uma teologia, mas ele expressava o que a sua alma conhecia de Deus. Vemos neste texto belíssimo a onisciência de Deus sendo ressaltada. O salmista tem plena consciência que Deus o conhece melhor até do que ele mesmo. Há palavras que chamam a atenção: "SENHOR, tu me sondas (Examinar, avaliar, estimar, investigar, explorar) e me conheces (Ter noção, saber bem, ter relações ou convivência com) [...] Examinas (esquadrinhar, examinar minuciosamente) o meu andar e o meu deitar [...]".

Não há surpresas para Deus, não há desconhecido, nem segredos, Ele tudo conhece e não há nada que Ele não saiba. Jesus disse: "E até mesmo os cabelos da vossa cabeça estão todos contados" (Mateus 10:30); disse também: "[...] pois vosso Pai conhece de que necessitais, antes de o pedirdes a ele" (Mateus 6:8). Isto é onisciência. Deus sabe e conhece tudo. Portanto, vale a pena confiar na Sua vontade soberana já que Ele sabe de tudo quanto preciso.

E a onipresença de Deus? O profeta Jeremias declarou: "Diz o SENHOR: Sou eu apenas Deus de perto? Não sou também Deus de longe? Pode alguém esconder-se em esconderijos sem que eu o veja?, diz o SENHOR. Não sou eu o que enche os céus e a terra?, diz o SENHOR" (Jeremias 23:23,24).

Por onipresença não devemos entender que Deus enche espaço como o faz o universo. A relação de Deus com o espaço não é a mesma que existe entre o espaço e a matéria. Sendo o Senhor

Deus Espírito pessoal Ele não ocupa espaço. A onipresença de Deus nada tem a ver com o materialismo (Deus distribuído no espaço) e muito menos com o panteísmo (Deus estando em tudo). Para Langston (1999, p. 49-51) a onipresença de Deus consiste em que Ele tem condições de agir instantaneamente em qualquer parte, e o faz sem trabalho e sem sacrifício; ainda afirma que Deus não está num lugar se lá não houver necessidade dele, ou seja, se existe um lugar onde Deus não está sendo glorificado, Ele não está naquele lugar. Erickson (1997, p.111) diz que a questão da localização não se aplica a Deus, mas que Ele existia antes de haver espaço. Ainda segundo esse autor, se utiliza do texto acima para mostrar que não há lugar em que Deus não possa ser encontrado, sendo ridículo o homem querer se esconder de Deus. Davi também expressa isto no Salmo 139:7-12. Portanto, podemos confiar na vontade de Deus, pois com Ele não nos sentimos sozinhos e desamparados; a presença de Deus traz sempre conforto e alegria.

Quanto à onipotência lemos no livro de Jó: "Bem sei que tudo podes e que nenhum dos teus planos pode ser impedido" (Jó 42:2). A onipotência de Deus é a ação do SENHOR, o poder exercido de forma a produzir o que é bom e verdadeiro. Geralmente temos em nossa mente uma ideia errada de poder. O poder que o ser humano imagina é sempre maquiavélico, tendencioso e fraco. Langston (1999, p. 53,54) afirma que Deus tem duas formas de onipotência: uma moral (em que Deus é tão poderoso que não pode praticar o mal, não pode ser tentado, não pode mentir, enganar, nem fugir do cumprimento de suas promessas), e uma física (em relação ao universo porque é Criador, Sustentador e Governador de todas as coisas). Erickson (1997, p. 113) diz que Deus é capaz de fazer todas as coisas que sejam dignas de seu poder; e mais, o poder de Deus é livre: "As decisões e as ações de Deus não são determinadas por nenhuma consideração de fatores externos a si próprio. São simplesmente uma questão de sua livre escolha" (ERICKSON, 1997, p.114).

Então podemos confiar em Deus e na Sua vontade soberana, porque Ele tem todo poder e o que Ele fará por nós será sempre o melhor, já que não pode negar-se a Si mesmo. Agora entendamos: Não é porque Deus não pode fazer o mal que vamos brincar com Deus. O homem nunca deve esquecer o que Paulo diz: "Não vos enganeis: Deus não se deixa zombar. Portanto, tudo o que o homem semear, isso também colherá" (Gálatas 6:7). Jesus conhecia os atributos do Pai e que Sua vontade está ligada a esses atributos de Sua natureza. Portanto, vale a pena fazer a vontade de Deus.

### Submetendo-se à vontade de Deus de forma plena

"[...] seja feita a tua vontade, assim na terra como no céu". Muitas vezes queremos que a nossa vontade seja soberana e nos esquecemos de que não somos nada. O que mais me deixa perplexo é como muitas pessoas ainda insistem em seguir falsas doutrinas ensinadas em muitas igrejas. Por exemplo, a de que temos que "ordenar, reivindicar" para que as coisas aconteçam segundo a percepção humana. Essa turma da "teologia" (entre aspas, pois não considero teologia) da prosperidade tem se esquecido de que Deus não é o "gênio da lâmpada", e sim o SENHOR soberano. Deus faz as coisas porque quer e não porque eu determino. Eu não sou nada; Ele é pleno em toda Sua beleza e majestade. É impressionante a consciência de João Batista: "É necessário que ele cresça e eu diminua" (João 3:30). O que importa para nós é que seja feita a vontade de Deus e não a nossa.

Outro exemplo triste é aquele que insiste na ideia de que Deus limitou-se a favor da liberdade humana. Alguns acham que Deus "assumiu riscos" quando por meio da providência criou e passou a governar o mundo, ou seja, Deus teria assumido o risco de que algo ocorresse diferente da maneira que Ele desejava. Nessa perspectiva humanista do Teísmo aberto, o pecado de Adão e Eva foi "algo estranho para Deus", ou seja, algo não planejado, e que por isso Ele teve que "ajustar" seu projeto a esse horrível e surpreendente problema. A pergunta que faço é a seguinte: Podemos confiar num Deus que é pego de surpresa? Não creio nesse deus fraco do teísmo aberto. O Deus da Bíblia ordenou todos os eventos desde antes da Criação do mundo (PIPER, TAYLOR, HELSET, 2003, p.93).

Infelizmente a igreja do nosso tempo é uma igreja com sede de poder, mas não do poder espiritual e sim do poder capitalista, da influência e de dinheiro. Como disse Tozer numa crítica direta a religiosidade americana: "O poder do alto não é nem conhecido nem desejado, quer pelo pastor, quer pelo povo. Isso é nada menos que trágico, e tanto mais porque recai no campo da religião, em que estão envolvidos os destinos eternos dos homens" (TOZER, 1989, p.61). Que tristeza é pensar nos milhares de púlpitos e igrejas que agora se reúnem em que o poder manifesto é o da manipulação vergonhosa dos líderes e da pregação míope de um deus formatado à imagem e semelhança dos homens. Milhares de pessoas se alimentando de palha e não do trigo espiritual da Palavra de Deus. Alimentando-se de um deus insosso e manipulável e não sendo fortalecido pelo Deus soberano.

Sim, a cada dia às novidades, os "cultos de poder" que celebram mais o poder dos que estão na frente do que o de Deus, as "revelações" da vontade divina, onde a carne fala mais alto que o Espírito de Deus, enfim, as pessoas e o cristianismo de nosso tempo têm fechado os ouvidos para a voz do Espírito e a vontade de Deus expressa em Sua Palavra. O que mais vemos são pessoas que acham quem a Bíblia dessa ou daquela forma, tentando manejar as Escrituras ao seu bel prazer. Tudo é movido por "achismos". Que geração Jesus encontrará em sua vinda?

Na oração "[...] seja feita a tua vontade, assim na terra como no céu" Jesus deseja fazer a vontade do Pai e ensina aos discípulos quem Deus é e como Ele age. No Getsêmani por três vezes Jesus orou: "Meu Pai, se possível, afasta de mim este cálice; todavia, não seja como eu quero, mas como tu queres" (Mateus 26:39). Quantos de nós oraríamos assim?

Não existe cristianismo sem cruz, sem um compromisso sério com Deus, Seu reino e Sua vontade. Como diria Stott: "Na contracultura cristã, todavia, nossa prioridade máxima não está no nosso nome, no nosso reino ou na nossa vontade, mas em Deus" (STOTT, 1989, p.152). Infelizmente nossa geração se preocupa demasiadamente com a roupa, a grife, a moda, o dinheiro, enfim, fazer o que traz o prazer egoísta e pessoal. Se desejarmos realmente orar com seriedade e sinceridade, devemos saber que Deus não se agrada de sacrifícios, de desculpas tolas para os nossos pecados.

Deus deseja ver Seu reino implantado na terra, mas principalmente dentro do coração humano. Deus é o Senhor soberano sempre e nossa atitude deve ser sempre estar-lhe sujeito como servos obedientes. Como bem disse Calvino (2006) ao falar do conhecimento de Deus como soberano:

> Tendo desta maneira conhecido a Deus, como a alma entende que Ele governa tudo, confia estar debaixo de seu amparo e proteção e completamente se põe debaixo sob seus cuidados, por entender que é o autor de todo o bem; se alguma coisa lhe aflige, se alguma coisa lhe falta, imediatamente aguarda Dele a proteção. E porque foi persuadido de que Ele é bom e misericordioso, com plena confiança repousa Nele, e não duvida que em sua clemência sempre há remédio preparado para todas as suas aflições e necessidades; porque o reconhece por Senhor e Pai, conclui que é muito justo tê-lo por Senhor absoluto de todas as coisas, dar-lhe reverência que se deve à sua majestade, procurar que sua glória se propague e obedecer seus mandamentos. (Livro I, Capítulo II.4, p. 7).

Diante do Pai Santo e Soberano não deveríamos ficar com medo, mas felizes por estar nas melhores e mais seguras mãos. Portanto, deixemos de lado a "moda teológica" de nosso tempo. Tenhamos coragem de abrir a Bíblia e ver com seriedade o que Deus nos revela de Si mesmo. Aí sim, poderemos orar com convicção: "[...] seja feita a tua vontade, assim na terra como no céu".

# 3

# O CUIDADO DE DEUS

"o pão nosso de cada dia dá-nos hoje;"

(Mateus 6:11)

Conta-se que certa vez um grande navio de passageiros foi surpreendido por uma grande tempestade. As pessoas desesperadas corriam de um lado para o outro, procurando entes queridos e amigos, preocupados com o pior que podia acontecer. Alguém olhou para um corredor e viu uma criança brincando tranquilamente em meio à balbúrdia. Então aquela pessoa perguntou a criança:

"O que você está fazendo aqui? Não está vendo a agitação? Não está preocupado?".

E a criança respondeu confiante:

"Não, porque o meu pai é o comandante. Ele sabe o que faz".

Falta-nos essa confiança de que Deus sabe o que faz. Jesus conhecia bem a Deus, por isso podia orar: "o pão nosso de cada dia nos dá hoje" (Mateus 6:11). A partir desse momento Jesus introduz uma série de petições a Deus, com o intuito de imprimir em Seus discípulos a total confiança nos cuidados de Deus. O Reverendo Hermistein Maia declara o seguinte:

> Isto é maravilhoso! O Deus que habita o alto e sublime, o Deus soberano, cuja majestade não pode ser contida por todo o universo, também se preocupa com as nossas necessidades e nos ensina a suplicar-lhe por elas; faz-nos enxergar o que de fato é prioritário e, ao mesmo tempo, nos ensina a pedir por aquilo que também é necessário para a nossa existência (MAIA, 2001, p.41).

Isso pode parecer loucura nos nossos dias de mundo globalizado, onde as pessoas vivem agitadas em busca de um sentido, preocupadas com as complicadas relações econômicas, com o desemprego, com as desigualdades sociais, com as políticas econômicas do país. Já outros vivem sob a neurose de ser o que não é e de ter mais que ser. O que Jesus queria dizer com "o pão nosso de cada dia nos dá hoje"? Será que você confia plenamente em Deus, a ponto de saber que Ele não deixará faltar nada em sua vida amanhã?

Há aqui três lições importantes em que a oração que Cristo nos ensina traz sobre o cuidado de Deus.

**Podemos confiar**

Se há alguém em quem podemos confiar, este é Deus. No meio da luta, da tribulação, da angústia, o Senhor se coloca ao lado daqueles que Nele confiam. Às vezes, oramos pelo "pão nosso", só que não confiamos em sua provisão. Jesus queria ver em seus discípulos uma atitude de total e irrestrita confiança no Senhor. Stott (1989, p.153) diz que essa frase "[...] é uma expressão de dependência máxima de Deus [...] parece que Jesus queria que seus discípulos tomassem consciência de uma dependência diária". O pastor Martyn Lloyd Jones diz que "[...] tudo quanto devemos pedir é aquilo que é o suficiente ou o necessário para cada dia [...] O pão é o sustento da vida [...] tem o propósito de abarcar todas as nossas necessidades materiais, tudo quanto se faz mister para a vida do ser humano neste mundo" (2014, p. 355)

Infelizmente a maioria das pessoas confia mais na posição social, no dinheiro e no poder humano do que na dependência de Deus. Hoje há também um crescimento na confiança mística no mundo, quase que uma "volta da espiritualidade", o que na verdade é apenas um retrocesso ao paganismo. Muitos falam de energização, olham os horóscopos, buscam nas cartas de tarô, nos astros, nas pirâmides, enfim em qualquer coisa que dê certo e traga segurança. Certamente não é dessa forma que Deus deseja ver Sua criação, confiando em si mesmo ou em coisas místicas e ilusórias. Mais triste ainda é ver alguns cristãos em nossas igrejas que creem mais na oração "do irmão poderoso" ou do "superapóstolo" do que numa ação do próprio Deus. Sim, há muitos que buscam os "cultos de poder", esperando que Deus aja de forma mágica. Todas estas posições estão erradas diante do Senhor.

Quando olhamos na história da Igreja vemos que os chamados "Pais da Igreja" tinham ideias erradas sobre o "pão nosso". Por exemplo, Tertuliano, Cipriano e Agostinho, pensavam que Jesus fazia referência ao "pão invisível da Palavra de Deus" ou a Ceia. Jerônimo, na tradução da Vulgata, dá a entender que o "pão" se refere à Santa Comunhão. No entanto, Lutero expressou bem o que Jesus queria dizer ao afirmar que o pão era um símbolo de "[...] todas as coisas necessárias para a preservação desta vida, como o alimento, a saúde do corpo, o bom tempo, a casa, o lar, a esposa, os filhos, um bom governo e a paz" (LUTERO, 1956, p.147).

O desejo de Deus é que confiemos no Seu cuidado e poder. O rei Davi disse: "Confia no SENHOR e faze o bem [...]" (Salmo 37:3). A confiança em Deus nos leva a uma atitude correta e benéfica, pois a atitude bondosa se firma no caráter fiel do Senhor.

O salmista vai ampliar o conceito da confiança em Deus quando afirma categoricamente: "É melhor buscar refúgio no SENHOR do que confiar no homem" (Salmo 118:8). Por quê? Porque Deus é sempre fiel e o ser humano é instável; Deus é sempre confiável, pois Seu caráter se baseia na verdade, enquanto que o ser humano nem sempre aceita a verdade de Deus. Geralmente o ser humano defende "verdades múltiplas", ou seja, verdades particulares e pessoais. No entanto, como poderemos confiar numa verdade de um e não do outro? Desde quando o ser humano é o ponto de referência? Se as verdades são "múltiplas" quem está certo ou errado?

Por isso o sábio vai nos advertir: "Confia no SENHOR de todo o coração, e não no teu próprio entendimento" (Provérbios 3:5). Por que não devemos confiar em nosso próprio entendimento? Porque nossa mente pecadora pode nos enganar e criar uma "verdade" que não seja a verdade de Deus. Infelizmente o ser humano pecador é capaz de justificar suas ações para dar legitimidade às suas ações. Neste caso, nem sempre a razão tem razão.

O que fazer? O profeta Isaías nos diz: "Tu conservarás em perfeita paz aquele que tem seu propósito firme em ti, porque confia em ti. Confiai sempre no SENHOR, porque o SENHOR Deus é rocha eterna" (Isaías 26:3,4). Eis aqui algo importante: quando temos o propósito de vida firmado em Deus sentiremos a presença do Seu Espírito a nos levar numa confiança Nele de forma inexplicável e a paz será uma marca fundamental. Podemos confiar no Senhor porque Ele é rocha eterna, ou seja, jamais deixará de ser plenamente confiável.

Por isso o profeta vai afirmar: "Bendito o homem que confia no SENHOR, cuja esperança é o SENHOR" (Jeremias 17:7). Sim, é uma bênção confiar em Deus! Todo aquele que coloca sua esperança em Deus mostra que possui uma relação pessoal com Ele. Como nos diz o profeta Naum: "O SENHOR é bom, uma fortaleza no dia da angústia; ele conhece os que confiam nele" (Naum 1:7).

Certamente há muitos outros textos que falam sobre aqueles que confiam no Senhor. Quando entregamos em Suas mãos todas as coisas, e ousamos confiar no Seu poder, Ele age em nossas vidas. Podemos ver isto na vida de grandes homens da Bíblia, tais como Ezequias (cf. 2Reis 18:5), ou Jó que em sua dura prova não se esqueceu daquele que era seu Redentor (Jó 19:25). A Bíblia destaca a atitude de Josué e Calebe, que enfrentaram a incredulidade dos dez espias e de toda congregação de Israel, porque criam na Palavra do Senhor (Números 14:6-9), ou de Habacuque em seu belo salmo, quando ousa declarar com a sua boca que não teme as adversidades e, sim, que confia no Senhor que é a sua fortaleza (Habacuque 3:17-19).

Falta para a nossa geração de cristãos justamente esta confiança que tanto Deus se agrada. Confiamos muito em nós mesmos, na nossa capacidade de resolver os problemas, nos nossos amigos, no dinheiro, no frágil poder humano. Aqueles que aprenderam a confiar tudo a Deus sabem o que significa orar pelo "pão nosso" diário. Sabem que podem confiar naquele que tem tudo em suas mãos. Você pode ter a certeza que Deus é digno de toda confiança e era isto que Jesus queria ensinar.

### O Seu cuidado é sem igual

Por vezes, pensamos que estamos sozinhos em um mundo de problemas e angústias. A solidão invade a alma, o medo e a perplexidade tomam contornos gigantescos, nos sentimos pequenos, insignificantes, e aí dizemos: "O que fazer? Onde está Deus?".

Você pode confiar em Deus porque o Seu cuidado é sem igual, mesmo que não aconteça algo de extraordinário ou sobrenatural. O problema é que nossa geração de cristãos se parece muito com o farisaísmo da época de Jesus. Querem ver sinais. Se em alguma igreja não acontece nada, é porque Deus não está ali. Ou se algum cristão passa por problemas e na sua vida "nada" acontece, alguma coisa está errada. Não estamos falando aqui que Deus não faz mais milagres hoje aos Seus filhos; pelo contrário, estamos falando contra essa ideia de que a vida do cristão tenha que ser constantemente rodeada por um mar de rosas, sem problemas e com os sinais de Deus. Para muitos, se não acontecer algo extraordinário na vida, então Deus não está abençoando. Você já parou para perceber que bênção Deus lhe deu hoje? Só do fato de você estar vivo, de ter o que comer, de ter o que vestir, já são bênçãos maravilhosas. Infelizmente nós não paramos para ver as coisas simples da vida, e desejamos ver "grandes" coisas acontecendo em nossa vida, para que outros percebam o quanto Deus nos abençoa.

Deus tem cuidado de você e a Bíblia testifica esta verdade. Quando os israelitas saíram do Egito Deus disse: "Vistes o que fiz aos egípcios e como vos carreguei sobre asas de águias e vos trouxe a mim" (Êxodo 19:4). Ao final de quarenta anos de caminhada no deserto Moisés ainda podia testemunhar: "O Deus eterno é a tua habitação, e os braços eternos te sustentam. Ele expulsou o inimigo de diante de ti e disse: Destrói-o" (Deuteronômio 33:27).

O rei Davi no final de sua vida, depois de muitas provações e lutas, podia cantar sobre a salvação de Deus: "Também me dás o escudo da tua salvação; tua mão direita me sustém, tua clemência me enaltece" (Salmo 18:35; cf. 2Samuel 22:36). Essa esperança e confiança séculos depois foi traduzida na mensagem profética que animou os judeus no exílio: "não temas, porque estou contigo; não te assustes, porque sou o teu Deus; eu te fortaleço, ajudo e sustento com a minha mão direita fiel" (Isaías 41:10).

Jesus enfatizou a necessidade de confiarmos em Deus em contraste numa atitude inquieta e ansiosa. O melhor remédio para vencer a ansiedade e a inquietação é centrar a vida no reino de Deus:

> Portanto, não vos inquieteis, dizendo: Que comeremos? Que beberemos? Com que nos vestiremos? Pois os gentios é que procuram todas essas coisas. E, de fato, vosso Pai celestial sabe que precisais de tudo isso. Mas buscai primeiro o seu reino e a sua justiça, e todas essas coisas vos serão acrescentadas. (Mateus 6:31-33).

A confiança em Deus significa compreender Seu domínio soberano sobre todas as coisas: "Não se vendem cinco passarinhos por dois asses? Mesmo assim, nenhum deles é esquecido por Deus. Até os cabelos da vossa cabeça estão todos contados. Não temais, pois valeis mais do que muitos passarinhos" (Lucas 12:6,7). Ora, se valemos mais que os passarinhos, de que adianta viver ansioso e inquieto?

O apóstolo Pedro vai fazer uma bela sugestão: "lançando sobre ele toda vossa ansiedade, pois ele tem cuidado de vós" (1Pedro 5:7). Quantas preocupações inundam nossa alma e abatem nosso espírito! Essa carga onerosa e pesada deve ser sempre colocada nas mãos de Deus, pois quando não fazemos isso, a ansiedade torna-se um pecado que distraí nossa mente e nos impede de ver a ação de Deus em nossa vida. Que maravilha é poder confiar no cuidado do Senhor. Com certeza não existe outro que possa cuidar tão bem de nós.

Há um texto chamado Pegadas na areia, que reflete muito bem a ideia do cuidado inigualável de Deus. O seu autor é desconhecido, mas com certeza foi alguém que presenciou em sua vida o maravilhoso cuidado do Deus Eterno. Diz assim o texto:

**Uma noite eu tive um sonho...**

Sonhei que estava andando na praia com o Senhor e, através do Céu passavam cenas que eram a minha vida. Para cada cena que passava, percebi que eram deixados dois pares de pegadas na areia. Um era o meu e o outro do Senhor.

Quando a última cena da minha vida passou diante de nós, olhei para trás, para as pegadas na areia e notei que muitas vezes no caminho da minha vida, havia apenas um par de pegadas na areia. Notei, também, que isso aconteceu nos momentos mais difíceis e angustiosos de meu viver.

Isso aborreceu-me deveras, e perguntei então ao Senhor: "Senhor tu me dissestes que, uma vez que resolvi te seguir, Tu andarias sempre comigo, todo o caminho, mas notei que durante as maiores tribulações do meu viver havia na areia apenas um par de pegadas. Não compreendo porque, nas horas que eu mais necessitava de ti, Tu me deixaste."

O Senhor me respondeu: "Meu precioso filho, Eu te amo e jamais te deixarei nas horas de tua prova e do teu sofrimento. Quando viste na areia, apenas um par de pegadas foi exatamente aí, que Eu te carreguei nos braços".

Ah! Como reclamamos; como somos infiéis! Sim, nossa visão distorcida de Deus e de Sua Pessoa bendita nos faz pensar que Ele nos deixou ou nos abandonou. Somente aos pés de Cristo, em devoção completa e total ao Senhor é que conseguiremos ver quem de fato Deus é. O Pai não mente, pois quando Sua Palavra diz "O SENHOR é quem vai à tua frente. Ele estará contigo, não te deixará nem te desamparará. Não temas nem te espantes" (Deuteronômio 31:8; cf. Hebreus 13:5), devemos confiar sem nenhuma dúvida. O Pai fiel e bondoso, que cuida de todas as nossas necessidades não nos deixará em nenhum momento. Podemos orar confiantemente: "o pão nosso de cada dia nos dá hoje".

**Troque a ansiedade pela fé e a murmuração pelo louvor**

Confiar em Deus e em Seus cuidados implica numa mudança de atitude. Quando passamos por lutas, ou problemas (sejam eles financeiros, pessoais, emocionais, físicos ou de qualquer ordem), nos vemos tentados a alimentar em nossa vida duas ações altamente destrutivas: a ansiedade e a murmuração.

A ansiedade é um dos grandes males da humanidade. O que é ansiedade? É um sentimento íntimo de apreensão, mal estar, preocupação, angústia e/ou medo, acompanhado de um despertar físico intenso. Hoje muitas pessoas, por alimentarem a ansiedade, vivem doentes, tanto física como psicologicamente. Vivem estressadas, deprimidas porque anseiam por algo que não é necessário. Ansiedade é algo problemático por três razões: Ela é improdutiva porque nunca produz coisa alguma; ela nunca resolve coisa alguma. É como se movimentar, mas sem sair do lugar. Ela é irracional, pois amplifica seus problemas, tornando colinas em montanhas. Ela simplesmente faz com que os problemas pareçam cada vez maiores. Ela é prejudicial, pois o organismo humano não foi feito para ficar ansioso; é contrário à sua natureza. Quando você fica ansioso você contrai úlceras, fica com dor nas costas, dor de cabeça, insônia. Não fomos criados para cultivar ansiedade.

E a murmuração, podemos dizer, é uma afronta a Deus. Sim, porque a murmuração é fruto da ganância, do orgulho e da soberba. A murmuração é uma declaração de que não confiamos em Deus. Na oração do "Pai nosso" não há lugar para a ansiedade e nem para a murmuração. Jesus queria que os discípulos aprendessem a valorização da vida, o sustento diário. O apóstolo Paulo nos diz o seguinte: "Não andeis ansiosos por coisa alguma; pelo contrário, sejam os vossos pedidos plenamente conhecidos diante de Deus por meio de oração e súplica com ações de graças" (Filipenses 4:6).

Jesus orou pela maior necessidade do homem: a fome. E a fome a que Jesus se referia não era a material, mas a espiritual. E é neste dilema que vive o homem. A maior fome que o homem tem é de algo que preencha o vazio de sua vida. Foi isso que Jesus veio fazer, preencher o vazio do homem:

> Jesus lhes respondeu: Em verdade, em verdade vos digo: Não foi Moisés quem vos deu pão do céu; mas meu Pai é quem vos dá o verdadeiro pão do céu. Porque o pão de Deus é aquele que desce do céu e dá vida ao mundo. E disseram-lhe: Senhor, dá-nos sempre desse pão. E Jesus lhes declarou. Eu sou o pão da vida; quem vem a mim jamais terá fome, e quem crê em mim jamais terá sede [...] Eu sou o pão da vida (João 6:32-35,48).

Você anda ansioso? Está preocupado por alguma coisa? Existe um vazio dentro de sua alma? Troque sua ansiedade pela fé. Creia naquele que é Poderoso não só para suprir as necessidades físicas, mas também as espirituais. Não deixe a ansiedade destruir a sua vida. Ore com fé e tire de seu viver a ansiedade que mata trocando-a, pela fé que sustenta e fortifica. Quando oramos pelo "pão nosso", estamos nos colocando na dependência de Deus e nos afastando da ansiedade.

**Não murmure!**

O ser humano é propenso ao mal e a murmuração é algo que Deus não suporta. Jesus, quando ensinava os discípulos a orar, tinha por objetivo ensinar-lhes a buscar em Deus a solução de seus problemas. Mas não somente isto; Ele ensinou-os a confiar e a mudar a tendência de reclamar e de murmurar, pelo louvor e gratidão. O povo de Israel passou quarenta anos no deserto porque era um povo rebelde e murmurador.

O livro de Êxodo (16:11-21) nos mostra um fato interessantíssimo. Israel tinha visto Deus operar a seu favor, libertando da escravidão egípcia. No entanto, o povo começou a reclamar e parecia não lembrar mais que os seus inimigos tinham sido engolidos pelo mar. Deus ouviu da murmuração do povo e mandou codornizes e o maná. Foi suficiente? Não! Para aquele povo, não. Eles não tinham aprendido que o Deus que os tirou do Egito era capaz de suprir as necessidades. Eles se lembravam das panelas de carne e da abundância de pão do Egito. Estavam presos ao passado e ao material. E o pior foi a atitude de alguns de guardar o maná para o dia seguinte quando Deus havia dado a ordem de não fazer isso, mostrando de forma clara uma atitude de profunda incredulidade para com o Senhor.

Será que somos diferentes do antigo Israel? Infelizmente muitos de nós também somos assim. Esquecemos que o nosso Deus supre as nossas necessidades. Muitos cristãos querem que Deus seja um "banco", de inesgotáveis riquezas, principalmente materiais. Estas pessoas querem ter com Deus uma relação capitalista. Não é assim que devemos proceder. De tantos que pregam por aí de um "deus" que só dá que mais parecem mágico e dependente de nossos desejos, vemos que muitos estão sendo enganados. Somos uma geração imediatista, do "*fast-food*", da automação. Parece que, orar pelo sustento de cada dia, pelo "pão nosso", orar como que dependendo só Dele dá ares de algo antiquado.

Essa atitude de murmuração que muitos alimentam não é do agrado do Senhor. A oração que Jesus nos ensina é de dependência exclusiva de Deus. Pense agora: que bênçãos você recebeu hoje? Que palavra de gratidão você tem a dizer ao Senhor? Será que você não está exigindo de Deus algo que não merece ou que ainda não está preparado para receber agora?

Bem declarou Martyn Lloyd Jones:

> Não somos informados que deveríamos orar pedindo artigos de luxo ou superabundância, e nem essas coisas nos foram prometidas. Entretanto, foi-nos prometido que teríamos o suficiente [...] As promessas de Deus nunca falham. Mas referem-se somente a necessidades verdadeiras, e a nossa ideia da necessidade nem sempre corresponde ao que Deus pensa. (2014, p.355)

Eis aqui nosso problema, pois pensamos justamente o contrário. Queremos que Deus se adeque ao nosso padrão e não o contrário. Por isso muitos reclamam e dizem: "Deus não me ouviu". Será? Ele lhe ouviu, mas não lhe atendeu. Não porque seja grosseiro, caprichoso ou malévolo, mas porque aquilo que você pediu não estava de acordo com Sua vontade soberana. Como disse João: "E esta é a confiança que temos nele: se pedirmos alguma coisa segundo sua vontade, ele nos ouve" (1João 5:14).

Antes de terminar quero compartilhar duas histórias que li no site da missão Portas Abertas. Ao ler essas histórias fiquei pensando como é muito fácil para nós sermos cristãos num país livre e não valorizar a leitura da Bíblia, a comunhão da igreja, o prazer de estar na casa de Deus. Essas irmãs e muitos outros irmãos em Cristo dariam tudo para ter o que temos; e embora passem por provações e lutas, possuem um espírito grato e feliz em Cristo.

Sarita (nome fictício) é uma cristã que era casada com um muçulmano, e que não conheceu a insatisfação do marido antes do casamento. Ela foi violentada por ele até mesmo durante a gravidez e deu à luz um bebê com problemas mentais. Hoje em dia, ela é amparada por uma voluntária da Missão Portas Abertas e vive numa pequena cidade da Índia Central[19]. Ela declarou:

> Em meio a todas essas circunstâncias, no ano passado, minha filha ficou muito doente e chegou bem perto da morte. Ela sofreu convulsões contínuas e foi internada na UTI. Eu não tinha dinheiro para pagar as contas. Meu ex-marido não ajudaria. Então a Portas Abertas veio em meu socorro e me ajudou a pagar as contas. Eu gostaria de trabalhar, pois eu sou uma mulher estudada, mas minha filha precisa de cuidados especiais (PORTAS ABERTAS, 2015a).

Embora pressionada por todos os lados, Sarita não deixa de ver a mão de Deus levando-a e apoiando-a:

> Deus nunca me deixou sozinha, nem uma vez. Apesar das minhas circunstâncias, eu compartilho sobre Jesus com a minha irmã mais velha e minha mãe. Elas são cristãs agora. Eu amo muito a Jesus, ele é tudo o que tenho e estou confiante de que ele não me deixará. Sempre que estou fraca, ele me faz ficar forte (PORTAS ABERTAS, 2015a).

O outro testemunho é de uma iraquiana que em meio à guerra serve a Cristo e aos outros. O nome dessa irmã é Hayat, de 30 anos, que foi expulsa de sua igreja por radicais islâmicos, mas permaneceu cuidando dos seguidores do cristianismo, mesmo sendo uma refugiada. Ela disse que, em meio à crise, aprendeu três lições espirituais: a primeira é não olhar para trás e não lamentar sobre algo que já aconteceu. A segunda lição é perguntar a Deus, diariamente, "o que o Senhor quer de mim no dia de hoje?". E a terceira é sair pelo mundo e ajudar as pessoas[20].

---

[19] PORTAS ABERTAS. Indiana enfrenta dificuldades, mas não abandona a fé. 2015a. Disponível em < https://www.portasabertas.org.br/noticias/2015/10/indiana-enfrenta-dificuldades-mas-nao-abandona-a-fe> Acesso em 17out2015.

[20] PORTAS ABERTAS, Iraquiana cristã experimenta o poder da oração. 2015b. Disponível em < https://www.portasabertas.org.br/noticias/2015/10/iraquiana-crista-experimenta-o-poder-da-oracao> Acesso em 17out2015.

Hayat, guardou essas lições no coração e começou a praticá-las em sua vida. "A voz de Deus foi clara como um sino tocando em meus ouvidos e isso mexeu comigo profundamente. E quando Deus disse para eu trabalhar para crianças, jovens e idosos, eu obedeci" (PORTAS ABERTAS, 2015b), conta. Hoje em dia, ela trabalha com os jovens refugiados em Erbil. Hayat diz: "Eu sei que tudo isto está acontecendo porque eu dobro os meus joelhos e oro" (PORTAS ABERTAS, 2015b). Suas orações entre os refugiados é uma grande inspiração para muitos. Ela também cuida de crianças em um orfanato e leciona antropologia numa universidade local.

É por esta razão que Paulo diz: "Alegrai-vos sempre no Senhor; e digo outra vez: Alegrai-vos!" (Filipenses 4:4). Nós reclamamos muito, somos ambiciosos, não nos contentamos com o que temos. Se hoje temos um carro, amanhã queremos outro com mais recursos, e assim por diante. Bem falou Tiago em sua epístola:

De onde vêm as guerras e discórdias que há entre vós? Será que não vêm dos prazeres que guerreiam nos membros do vosso corpo? Cobiçais e nada conseguis. Matais e invejais, e não podeis obter; brigais e fazeis guerras. Nada tendes porque não pedis. Pedis e não recebeis, porque pedis de modo errado, só para gastardes em vossos prazeres. (Tiago 4:1-3)

Este é o nosso problema, como diria Paulo, "[...] pois não sabemos como devemos orar [...]" (Romanos 8:26). E foi por saber a finitude do homem, as ansiedades que o cercam, que Jesus orou: "o pão nosso de cada dia nos dá hoje". Em outras palavras, Jesus queria dizer o seguinte: "livra-nos da ansiedade que tão de perto nos cerca, dando-nos o suprimento necessário para viver o dia de hoje".

Está na hora de mudarmos nossa atitude para com Deus. Ele tem cuidado de nós e devemos crer nisto. A partir do momento que ousarmos crer no seu cuidado e no seu amor, viveremos a vida de forma muito melhor, substituindo a ansiedade, o temor e a murmuração, por uma confiança mais firme no Senhor. Devemos viver um dia de cada vez, diria John Stott (1989, p. 153).

Há um texto de Provérbios que se parece muito com esta parte da oração de Jesus. Diz assim: "Afasta de mim a falsidade e a mentira; não me dês nem a pobreza nem a riqueza: dá-me apenas o pão de cada dia; para que na fartura não te negue e diga: Quem é o SENHOR? Ou, empobrecendo, eu não venha a furtar e profane o nome de Deus" (Provérbios 30:8,9). Que profundidade espiritual! Será que Jesus não tinha em mente este texto de Provérbios ao orar pelo "pão nosso de cada dia"? Vivamos o dia de hoje, confiantes no Deus que temos. Ele nos dá sempre o que precisamos; e se nos der a mais é para sermos bênção a outro que necessita. Ele nunca nos dá a mais para esbanjarmos e sim para servirmos.

# 4

# O perdão de Deus

"e perdoa-nos as nossas dívidas, assim como também temos perdoado aos nossos devedores"

Mateus 6:12

Qual a melhor definição para perdão? Como podemos experimentar o perdão em sua totalidade? Somos capazes de perdoar outros? O que nos impede de perdoar os outros? Essa é uma temática muito importante, pois envolve os relacionamentos pessoais e influencia a vida de todos nós.

Esta parte da oração de Jesus é profundamente marcante, pois a questão do perdão é salientada aqui de forma muito prática. Deus está disposto a perdoar o ser humano, e Ele deu o primeiro passo na própria pessoa de Seu Filho Jesus Cristo quando Ele morreu na cruz do Calvário. O mais interessante é perceber que Deus nos dá Seu exemplo para que possamos aprender algo importante: **Perdoar é preciso, caso contrário não conseguiremos viver.**

O problema é que vivemos em um mundo movido pelo sucesso da violência. Os filmes de maior sucesso são os que têm muita morte, perseguição policial, tiros, bombas, lutas marciais, enfim, uma verdadeira guerra. Na televisão encontramos a mesma coisa por meio de programas que dão ênfase aos "dramas da vida", que exploram o emocional das pessoas, brigas ao vivo para todo país. Ninguém escapa dessa cultura da violência. Até mesmo as crianças sofrem isto. Os desenhos animados não nos fazem rir, não são mais os simples desenhos como Tom e Jerry ou Pernalonga. Agora as crianças veem *heróis* que lutam como ninjas, guerreiros, vampiros ou desenhos extremamente violentos, de modo que suscitam nas crianças a agressividade.

A nossa sociedade passa a ser o reflexo dessa cultura, a ponto de vermos situações inimagináveis de violência doméstica, violência contra as mulheres, assassinatos nas escolas e nas ruas. Diante do caos da nossa sociedade vemos sentimentos como a vingança tomando conta das pessoas, de modo os indivíduos andam armados por dentro e por fora. Nisso tudo, o perdão perde o sentido.

Como cristãos não podemos ser engolidos por esta cultura da violência e da vingança. Devemos exercer o perdão porque Deus nos perdoou primeiro. John Stott disse o seguinte: "O perdão é tão indispensável à vida e à saúde da alma como o alimento para o corpo" (STOTT, 1989, p.154), ou seja, se queremos ter uma vida sadia devemos viver o perdão. O Pr. Pedro Moura diz algo ainda mais interessante acerca do perdão: "Perdão tem duas qualidades facilmente distinguidas: É difícil e caro" (MOURA, 2012, p.128). É fácil perdoar? Não! Mas não é impossível. Deus não nos daria uma tarefa que fosse impossível de se realizar. Se Ele manda perdoar, é porque eu e você podemos fazê-lo.

William Barclay diz que a localização dessa petição é muito apropriada, pois ela vem logo após pedirmos o pão nosso de cada dia. Ele afirma: "E é mais surpreendente, todavia que quanto mais recordamos da riqueza e da abundância da misericórdia de Deus, mais nos envergonhamos por não merecê-la" (BARCLAY, 1985, p. 114). Deus tem sido tão bondoso conosco dando-nos a provisão diária, de modo que um coração grato a Deus sabe muito bem o peso da graça e da misericórdia divina. É através do perdão de Deus que somos encorajados a perdoar os outros; mas, infelizmente muitos ainda não conseguem perceber o perdão assim.

Por quê? Porque muitos ainda insistem em ter uma compreensão equivocada sobre o perdão. Precisamos saber que perdão não é esquecer; só Deus tem esta capacidade. **Perdão é justamente deixar o passado no passado, não trazendo à tona aquilo que o magoou.** Perdoar é expressar de forma clara o perdão que recebemos de Deus para a vida do próximo.

Jesus, no seu discipulado integral, queria ensinar aos seus seguidores uma das mais belas facetas de Deus, de tal modo que Seus discípulos pudessem conhecer o perdão de Deus. Mas tinha mais; Jesus queria que eles desenvolvessem o perdão na vida diária. Isso é muito interessante, pois o grupo de discípulos era muito diverso, formado por pescadores, cobrador de impostos, guerrilheiro e um ladrão; não existia um lugar melhor para aprender sobre o perdão. Jesus nos ensina aqui duas coisas:

### Deus está sempre pronto a perdoar

Jesus diz: "e perdoa-nos as nossas dívidas [...]". Muitas pessoas têm uma visão errada sobre Deus, tomando-O como um Deus cruel, que sente prazer no sofrimento do ser humano, que sempre está pronto a castigar. Essa visão equivocada faz com que as pessoas tenham mais medo do castigo que possam sofrer do que um temor reverente de Deus.

Algumas vezes até as crianças são afetadas com isso. Um exemplo clássico é o cântico infantil antigo que dizia: "Cuidado mãozinha no que toca [...] o Papai do céu está olhando pra você". Sem um ensino correto para as crianças o resultado será terrível, pois muitas dessas terão medo de Deus porque os pais se utilizaram do nome de Deus para repreenderem as crianças. Coisas do tipo: "Olha, o papai do céu vai castigar você". A grande questão é: **Por que o papai da terra não disciplina?**

Não estamos aqui negando o caráter Santo de Deus que odeia e pune o pecado e o pecador, mas dando um alerta. Infelizmente muitos não conhecem a Deus da forma correta como um Pai justo e íntegro. Ao mesmo tempo em que Ele é profundamente amor, é também justiça, de modo que não existe a justiça de Deus sem amor e vice-versa. Já falamos anteriormente de que forma Deus nos trata como filhos e não como bastardos (cf. Hebreus 12:4-11). Nosso pecado merece punição, e é natural que um Deus Santo aja assim. O pedido de Jesus é que Deus perdoe as nossas dívidas, ou seja, o pecado; o objetivo é que possamos compreender melhor a noção de que o Pai é um Deus perdoador.

Aqui temos o vocábulo *opheilêmata* (ὀφειλήματα), uma palavra com grande variedade de significados, todos agrupados ao redor de uma ideia comum. Ela se refere sempre a algo que se deve, algo que é devido, algo que é uma obrigação dar ou pagar. Em outras palavras, significa uma dívida no sentido mais amplo da palavra, ou seja, uma obrigação moral ou religiosa; no sentido mais estreito, uma dívida em dinheiro (BARCLAY, 1985, p. 115). Essa palavra é rara no linguajar bíblico, aparecendo apenas uma vez mais (cf. Romanos 4:4)[21]. Na versão de Lucas essa parte da oração fala: "e perdoa-nos os nossos pecados [...]" (Lucas 11:4a). E no caso aqui de Lucas a palavra grega usada é *hamartia* (ἁμαρτία), uma palavra que significa "pecado" no sentido de "errar o alvo". Portanto, pecado seria não levar a cabo o verdadeiro objetivo da vida, é fracassar em ser e em fazer o que devia ser feito. Nesse caso os significados são diferentes em Mateus e Lucas. Mas há uma razão de Mateus ter usado um termo diferente do de Lucas.

Jesus ao pronunciar o Pai Nosso não o fez em grego, mas em aramaico. Na época de Jesus, na Palestina, os rabinos consideravam o pecado quase que exclusivamente como uma falta de obediência a Deus. Portanto, não obedecer a Deus é estar em dívida com Ele; e a palavra mais comum para pecado como dívida era ḵôbāʰ, que significa *dívida*. Assim, não há nenhuma incoerência entre Mateus e Lucas, pois ambos traduzem a palavra aramaica; Mateus num contexto judeu rabínico, enquanto Lucas emprega uma palavra mais geral para pecado no pensamento grego.

Certa vez uma jovem me falou que não conseguia compreender como Deus podia perdoar todos os seus pecados. No momento citei a ela o texto de João: "Se confessarmos os nossos pecados, ele é fiel e justo para nos perdoar os pecados e nos purificar de toda injustiça" (1João 1:9). O problema dessa jovem era compreender Deus como se Ele fosse um ser humano e estivesse limitado. Muitas pessoas também não compreendem o perdão Divino porque ainda não experimentaram o perdão do Pai. Precisamos entender que não existe um só pecado que Deus não perdoe, e por essa razão Jesus ensina aos discípulos a experimentarem do pleno perdão de Deus.

Onde reside o problema? Falta para a nossa geração uma clara consciência da pessoa de Deus. Amar a Deus vai implicar numa vida que se amolda à vontade Dele. Estar próximo do Senhor, buscando Sua presença implica em viver longe do pecado. Agora, se infelizmente caímos no pecado, precisamos ter em mente que Ele está sempre de braços abertos para nos perdoar, desde que haja, de fato, arrependimento.

---

[21] Na Septuaginta aparece apenas uma vez em Deuteronômio 24:10, sendo uma dívida de dinheiro.

Isso significa que depois de perdoado não sofrerei minhas consequências? Não! **Ser perdoado não eximem as consequências do meu pecado.** Tudo isto está na Bíblia. O problema é que a maioria dos cristãos de hoje não conhecem a Palavra de Deus e por esta razão são facilmente enredados pelo diabo. Há vários textos bíblicos que nos mostram o perdão de Deus.

O salmista disse: "É ele quem perdoa todas as tuas iniquidades [...]" (Salmo103:3). A iniquidade aqui é ᶜāwôn (עָוֹן) significa uma atitude errada, iniquidade, culpa, castigo pela culpa (). Essa palavra aponta para um comportamento desonesto, perverso, de modo que denota tanto os feitos como suas consequências, tanto os delitos como o seu castigo. O fato de Deus perdoar todos os pecados faz com que Ele seja temido: "Mas o perdão está contigo, para que sejas temido" (Salmo 130:4).

A beleza do perdão de Deus está na graça. O profeta diz: "Mas, se o ímpio se converter de todos os pecados que cometeu e guardar todos os meus estatutos, e agir com retidão e justiça, certamente viverá; não morrerá. Não se terá lembrança de nenhuma das transgressões que cometeu; viverá pela justiça que praticou" (Ezequiel 18:21,22). Ou seja, havendo arrependimento e mudança de atitude, há a manifestação da graça divina.

O maior ato de perdão de Deus à humanidade foi demonstrado na cruz. Jesus não morreu para ser um exemplo apenas, mas para trazer o perdão ao ser humano. Como disse Pedro: "Sim, Deus, com a sua destra, o elevou a Príncipe e Salvador, para conceder a Israel o arrependimento e o perdão de pecados" (Atos 5:31). Por isso o perdão de Deus é demonstrado unicamente por meio de Jesus Cristo; a ressurreição foi prova de que Deus se alegrou com a obra de Seu Filho e que Seu sacrifício foi eficaz: "Mas aquele a quem Deus ressuscitou não sofreu nenhuma deterioração. Irmãos, ficai pois sabendo que por meio dele vos é anunciado o perdão dos pecados. E por meio dele, todo o que crê é justificado de todas as coisas de que não pudestes ser justificados pela lei de Moisés" (Atos 13:37-39).

A lei de Moisés, embora Divina e recebida por revelação, não podia salvar. Ela aponta para o pecado, mas não justifica o pecador, pois a função da lei é trazer a consciência do pecado (cf. Romanos 7). Por isso ninguém pode ser salvo pelas suas forças pessoais, mas pela graça Daquele que morreu pelos pecadores. Por isso Paulo disse: "Nele temos a redenção, o perdão dos nossos pecados pelo seu sangue, segundo a riqueza da sua graça" (Efésios 1:7). A *redenção* aqui é literalmente *ser livre de* (cf. Romanos 3:24; Colossenses 1:14)[22]. Paulo usa o equivalente grego (**ἀπολύτρωσιν**) quatro

---

[22] É um sinônimo de um termo do hebraico gāʾal (גָּאַל) que significa *comprar de volta*, algumas vezes com a ajuda de um familiar próximo (gōʾēl ;גֹּאֵל). Este termo era usado no Antigo Testamento para referir-se a compra de volta de escravos e prisioneiros militares.

vezes em Efésios e Colossenses (cf. Efésios 1:7,14; 4:30; Colossenses 1:14) e a palavra reflete uma ajuda pessoal na qual Deus traz a salvação, não focando a pessoa ou o valor do pagamento[23].

A humanidade é escrava do pecado (cf. Isaías 53:6; Romanos 3:9-18; 1Pedro 2:24,25) e por meio de Cristo Deus manifesta Seu amor e perdão. Por isso a cruz é o símbolo maior do perdão de Deus. O justo morrendo no lugar dos ímpios e manifestando o perdão do Deus Santo. A morte vicária, substitutiva e sacrificial de Jesus apontava que Ele morreu pelos nossos pecados. Recebemos o perdão no derramar de Seu sangue.

Em Efésios 1:7 encontramos quatro aspectos importantes que apontam a redenção de Deus realizada na cruz:

- "[...] *o perdão*". Literalmente aqui significa "lançar fora". No dia da expiação havia dois cabritos envolvidos num ritual anual (Levítico 16). Um era mandado para fora do acampamento em direção ao deserto, simbolicamente levando embora os pecados de Israel (Salmo 103:12; Isaías 1:18; 38:17; 44:22; Jeremias 31:44; Miquéias 7:14); outro cabrito era sacrificado, simbolizando a verdade de que o pecado custa uma vida. Jesus tomou o pecado da humanidade caída e morreu em seu lugar (cf. 2Coríntios 5:21; Colossenses 1:14), de modo que Ele combina em Si mesmos os dois significados.
- "[...] *dos nossos pecados*". No texto grego temos a palavra *paraptôma* (παράπτωμα), que significa literalmente "cair para o lado", e está relacionada com a palavra do Antigo Testamento para pecado no qual significa "um desvio de padrão". Deus é o padrão do ser humano e todo aquele que não se adéqua ao padrão divino comete pecado (cf. Isaías 53:6; Romanos 3:9-23; Gálatas 3:22).
- "[...] *pelo seu sangue*". O sangue é uma metáfora para a morte (cf. Gênesis 9:4; Levítico 17:11,14). Essa expressão aponta para a morte vicária, substitutiva e sacrificial de Jesus. Ele morreu em nosso lugar por causa do nosso pecado (cf. Gênesis 3:15; Isaías 53; Romanos 3:25; 2Coríntios 5:21; Efésios 2:13; Colossenses 1:20; Hebreus 9:22). Ao citar essa expressão Paulo rebate a argumentação dos falsos mestres gregos que negavam a humanidade de Jesus, mostrando que Sua morte foi algo passado num corpo humano.
- "[...] *segundo a riqueza da sua graça*". O perdão que temos em Cristo não pode ser adquirido por nosso esforço próprio (cf. Efésios 2:8,9; 2Timóteo 1:9; Tito 3:5). O termo "riquezas" foi usado por Paulo em muitas cartas da prisão: "riqueza da sua

---

[23] Em Marcos 10:45 vemos a declaração que Jesus veio para pagar o resgate pela humanidade caída (cf. 1Pedro 1:19).

graça" (Efésios 1:7; 2:7); "riqueza da sua glória" (Efésios 1:18; 3:16); "rico em misericórdia" (Efésios 2:4); "as riquezas insondáveis de Cristo" (Efésios 3:18; cf. Gálatas 1:27; 2:2; Filipenses 4:19). Isso significa que em Cristo a humanidade redimida recebe as riquezas do caráter de Deus.

Diante de tão grande beleza e verdade das Escrituras nos perguntamos: Quantas vezes as pessoas se torturam por causa de seus pecados sem imaginar as riquezas insondáveis que recebemos de Cristo e de Seu perdão? Talvez você esteja se questionando diante do Senhor sobre a sua vida. É possível até que você pense que Deus não se preocupa com seu viver, que seus pecados jamais serão perdoados e que você nunca terá uma comunhão com o Senhor. Cuidado com estas ideias, elas não falam a verdade. O diabo tem colocado na cabeça de muitos que os pecados não serão perdoados.

Deus está sempre pronto a perdoar. O que dizer de Davi e o seu pecado com Bate-Seba? Adultério, traição e morte, tudo isto junto formava o cenário da vida do grande rei de Israel: "Então Davi disse a Natã: Pequei contra o SENHOR. Natã respondeu a Davi: Também o SENHOR perdoou o teu pecado, por isso, não morrerás" (2Samuel 12:13). Davi recebeu o perdão de Deus a partir do reconhecimento do pecado. Mas vale salientar que Davi também sofreu as consequências do seu pecado.

Asafe também confessou o perdão de Deus: "Mas ele, sendo compassivo, perdoou-lhes a maldade e não os destruiu; pelo contrário, muitas vezes desviou deles sua ira e não se enfureceu contra eles"(Salmos 78:38). Os filhos de Coré retrataram de forma maravilhosa o perdão divino a seu povo: "Perdoaste a maldade do teu povo; cobriste todos os seus pecados" (Salmos 85:2). Vemos aqui que esses salmistas conheciam o perdão de Deus, experimentando o perdão. Paulo, o grande apóstolo dos gentios, expressou de uma forma maravilhosa o perdão de Deus para conosco: "E a vós, quando ainda estáveis mortos nos vossos pecados e na incircuncisão da vossa carne, Deus vos deu vida juntamente com ele, perdoando todos os nossos pecados" (Colossenses 2:13). No verso 14 deste mesmo texto, Paulo nos diz que Deus cancelou a nossa dívida.

Se você pecar, levará as consequências de seu erro (cf. Gálatas 6:7); mas se você se arrepender, Deus estará pronto a restaurar, perdoar e sarar. Jesus sabia disto, por isso ensinou aos discípulos a orarem pedindo perdão ao Senhor, porque Ele está sempre pronto a nos perdoar. O que falta para muitos de nós é um arrependimento sério e sincero. Há muitos outros textos sobre o perdão de Deus que podem ser lidos e meditados (cf. Isaías 43:25; 44:22; 55:7; Miquéias 7:18; Jeremias 31:34; 33:8).

Portanto, "perdoa-nos as nossas dívidas [...]" aponta para a nossa condição miserável. Como disse Lutero: "Devemos notar como aqui, novamente, se indica nossa vida miserável; estamos na terra de dívidas, estamos submergidos no pecado até as orelhas" (LUTERO apud BARCLAY, 1985, p. 117). Assim, somos chamados à confissão de nossos pecados, confiando no caráter perdoador do Pai. Mas isso não para aqui.

**Nós devemos estar prontos a perdoar, seguindo o exemplo do Pai.**

Ao ensinar a oração Jesus tem um objetivo prático: "[...] assim como também temos perdoado aos nossos devedores". Como falamos no início, hoje há uma promoção da violência. E as pessoas são ensinadas a retribuir o mal com o mal. Podemos ver que a cada dia as pessoas alimentam mais o ódio, o rancor e a amargura do que o perdão. Para muitos o perdão é uma expressão de fraqueza, de humilhação. No entanto, aquele que perdoa demonstra o que Deus tem feito em sua vida. John Stott escreveu algo fantástico sobre isso: "[...] Deus perdoa somente o arrependido, e uma das principais evidências do verdadeiro arrependimento é um espírito perdoador" (STOTT, 1989, p.154). Portanto, perdoar é uma ação elevadíssima. Só os que anseiam ser iguais ao Mestre lutam para fazer o que Ele fez primeiro.

Mas o mundo anda de forma contrária ao Evangelho. É na explosão da ira que muitos têm andado, desenvolvendo sentimentos negativos, carregam cargas tão pesadas em suas vidas que já não conseguem viver em comunidade. Basta olhar a face daqueles que alimentam um espírito de vingança, de amargura e rancor, que não admitem o perdão. Geralmente são carrancudos, a sua face é pesada, sombria e truculenta. Não sabem pedir "por favor", são incapazes de pedir perdão e de perdoar. O pior que este tipo de pessoa afeta a vida de todos que o cercam. Essa pessoa precisa conhecer o perdão de Deus, para poder também experimentar o perdão do próximo. Perdoar sempre faz bem. Mas quantas pessoas não sofrem de câncer e outros males no corpo, devido a doenças psicossomáticas, porque não aprenderam a perdoar e a pedir perdão?

Isto me faz lembrar que em muitos funerais, alguns choram não de saudades, mas de remorsos. Olham para o caixão e dizem consigo mesmo: "Ah! Se tivesse um pouco mais de tempo, eu teria pedido perdão". O ressentimento vai corroendo por dentro e o choro se torna nada mais que uma exteriorização do fracasso. Pense agora consigo mesmo. Será que há alguém que eu preciso perdoar? Ou alguém a quem eu preciso pedir perdão? Se houver alguém, então faça o quanto antes.

Jesus queria ensinar isto, que o perdão deve ser algo muito mais que teórico, mais que algo meramente religioso. O perdão deve ser o exercício de uma vida que foi perdoada e alcançada com a graça de Deus. Assim como Deus nos perdoa, devemos viver o perdão em sua plenitude. John Stott disse: "Quando nossos olhos são abertos para vermos a enormidade de nossa ofensa cometida contra Deus, as injúrias dos outros contra nós parecem, comparativamente, muitíssimo insignificantes" (STOTT, 1989, p.154). O perdão deve ser vivido, caso contrário nós mesmos sofreremos.

O que a Palavra nos diz? Jesus fez a seguinte afirmação: "Quando estiverdes orando, se tendes alguma coisa contra alguém, perdoai, para que também o vosso Pai que está no céu vos perdoe as vossas ofensas" (Marcos 11:25). Nossas orações podem ser prejudicadas por causa de nossa recusa em reconciliar com alguém. Ter algo contra alguém é uma barreira que atrapalha a nossa comunicação com Deus. A ordem de Deus é: Perdoe!

Noutra passagem o Senhor declara: "Tende cuidado de vós mesmos; se teu irmão pecar, repreende-o; se ele se arrepender, perdoa-lhe. Mesmo se pecar contra ti sete vezes no dia, e sete vezes vier a ti, dizendo: Estou arrependido; tu lhe perdoarás" (Lucas 17:3,4). Por que devemos ter cuidado de nós mesmos? Porque nosso coração é enganoso, porque o orgulho ferido nos deixa cego e assim não vemos a realidade com clareza. Veja que Jesus não diz que devemos fazer de conta que nada ocorreu, pelo contrário, devemos ir e repreender esperando o arrependimento. Isso sugere que Jesus está falando de algo correto, de modo que se fomos atingidos pelo pecado de outra pessoa devemos buscá-lo e repreender sua conduta visando seu arrependimento e mudança, não sua destruição.

Mas o perdão que Jesus ensina vai além, pois Ele diz que se a pessoa pecar contra nós sete vezes no dia – e sete aponta para um símbolo de uma atitude completa, total – devemos perdoá-la se essa pessoa estiver arrependida. Jesus está mandando contar quantas vezes perdoamos? Não! Ele está dizendo que devemos estar dispostos a perdoar e abençoar sempre que necessário.

O apóstolo Paulo seguindo o Senhor Jesus adverte os crentes de Éfeso: "Pelo contrário, sede bondosos e tende compaixão uns para com os outros, perdoando uns aos outros, assim como Deus vos perdoou em Cristo" (Efésios 4:32). Por que Paulo fala "Pelo contrário [...]"? Porque ele diz que "Toda amargura, cólera, ira, gritaria e blasfêmia sejam eliminadas do meio de vós, bem como toda maldade" (4:31). Todas essas coisas fazem mal aos relacionamentos interpessoais e no nosso relacionamento com Deus. Faz mal a nós mesmos, de modo que nos tornamos escravos de sentimentos terríveis. A vontade de Deus é que sejamos bondosos, compassivos e perdoadores, pessoas que foram alcançadas pela graça de Cristo e que transmitem o perdão de Deus aos outros.

À igreja de Colossos Paulo escreveu: "suportando e perdoando uns aos outros; se alguém tiver alguma queixa contra o outro, assim como o Senhor vos perdoou, também perdoai" (Colossenses 3:13). É interessante notar a conexão entre suportar (ἀνεχόμενοι) e perdoar (χαριζόμενοι), pois as duas palavras estão no mesmo tempo verbal que indica um meio ou maneira de agir. Literalmente podemos ler: "suportando uns aos outros graciosamente [...]". Perdão é a expressão da graça, que apesar de toda injustiça e dor é capaz de perdoar como Cristo nos perdoou.

A Bíblia nos traz exemplos do desenvolvimento e dos benefícios do perdão. O que pensar de Esaú e Jacó, irmãos, mas com mágoas, ressentimentos, feridas do passado que marcavam a vida? Mas um dia houve reconciliação, o perdão tomou forma, houve choro, não de remorso e sim de alívio (cf.

Gênesis 33:4). E José e seus irmãos? Quanta coisa guardada no coração, quantas barreiras que impediam a comunhão, quanta ira armazenada que fez com que os irmãos de José o vendessem como escravo. Mas o perdão foi maior que as marcas do passado, trazendo de novo a paz (cf. Gênesis 45:15; 50:20). E podemos ver mais exemplos, como Davi e Simei (cf. 2Sm.19:22-23) ou Estevão (cf. Atos 7:60).

Nós não podemos perder nenhuma oportunidade para perdoar e pedir perdão. O perdão faz reatar os laços do amor, da amizade, faz-nos mais leves e livres. O perdão cura a alma, ajuda-nos a caminhar melhor nesta vida. Devemos deixar de lado o orgulho que nos afasta das pessoas. O nosso grande problema é que nos achamos melhores que os outros, e quando erramos geralmente não reconhecemos o erro. Paulo foi muito claro aos Filipenses:

> Não façais nada por rivalidade nem por orgulho, mas com humildade, e assim cada um considere os outros superiores a si mesmo. Cada um não se preocupe somente com o que é seu, mas também com o que é dos outros. Tende em vós o mesmo sentimento que houve em Cristo Jesus, que, existindo em forma de Deus, não considerou o fato de ser igual a Deus algo a que devesse se apegar, mas, pelo contrário, esvaziou a si mesmo, assumindo a forma de servo e fazendo-se semelhante aos homens. Assim, na forma de homem, humilhou a si mesmo, sendo obediente até a morte, e morte de cruz (Filipenses 2:3-8)

O que Paulo chama a atenção é que os cristãos devem ter o mesmo sentimento de Cristo e isto inclui o perdão.

É evidente que essa petição de Jesus nos faz ver certo perigo. Orar "e perdoa-nos as nossas dívidas, assim como também temos perdoado aos nossos devedores" implica que estamos pedindo a Deus que nos perdoe assim como perdoamos aos outros. Isso só pode significar que se não perdoamos, se oramos com amargura no coração, estamos na verdade orando para que Deus não nos perdoe.

O Dr. Martyn Lloyd Jones escreve: "Essa petição está cheia da expiação, está repleta da graça de Deus. Vemos quão importante ela é por meio do fato que nosso Senhor chegou mesmo a repeti-la [...] Essa questão é absoluta e inevitável. O verdadeiro perdão quebranta ao homem, e ele se sente impelido a perdoar" (JONES, 2014, p.310). Barclay vai dizer: "Antes de atrever-se a repetir esta oração devemos examinar-nos, porque esta petição chega a ser nada menos que seu próprio juiz. Como expressava Crisóstomo: 'Deus te faz árbitro do juízo; da mesma maneira que julgas, tu serás julgado por ele" (BARCLAY, 1985, p. 124).

Jesus sabia o que era perdoar e foi para isso que Ele veio morrer na cruz para redimir e perdoar o homem. Por isso Jesus ensinou para orarmos pelo perdão de Deus, mas também para desenvolvermos de forma prática o perdão aos outros. Se Jesus, sendo Deus, Santo, sem pecado, desceu de Sua Glória para morrer numa cruz, e com isso oferecer Seu perdão, quem sou eu para não perdoar o meu próximo?

# 5

# A proteção de Deus

"e não nos deixes entrar em tentação; mas livra-nos do mal. Pois teus são o reino, o poder e a glória, para sempre. Amém." Mateus 6:13

Quantas vezes você sentiu a tentação cercá-lo, como o predador ao redor da presa? Nos momentos de tentação, a quem você recorre? A você mesmo, a sua própria sabedoria, ao seu "jeito" de contornar a situação ou a Deus? Que lições você tem tirado no confronto com o mal? Estas são questões sérias nas quais devemos pensar, pois o mundo tem oferecido a cada dia diversas formas de pecar, principalmente diante do avanço da tecnologia e da vivência virtual. Mesmo se utilizando de novos artifícios, a tentação é velha; ela continua com o mesmo objetivo: fazer o homem pecar, com o mesmo apelo, atendendo ao imediatismo do desejo carnal.

Alguém poderia fazer tal pergunta: "Se o mal está em toda parte, ou se a tentação pode ser vista em nossa vida diária, como podemos viver debaixo de uma pressão tão grande? Que Deus é esse que não livra as suas criaturas do mal?". Estas perguntas também não são novas. Não estamos querendo que os cristãos tenham a vida neurótica, vendo o diabo e o mal em toda parte. Sabemos que a Bíblia, ao falar do mundo não fala necessariamente do mundo físico, mas das ideologias e o pensamento mundano como sendo malignas. Há bons filmes, boas programações na televisão e nas mídias, boas revistas, enfim, há aspectos na cultura humana que são bons e podem trazer certo tipo de gratificação pessoal sem comprometer a vida espiritual. O problema não é este e quem vê todas as coisas do mundo como más, observa apenas aquilo que é empírico.

Devemos sempre ter em mente a oração sacerdotal de Jesus: "Não rogo que os tires do mundo, mas que os guardes do Maligno" (João 17:15). Jesus quer mostrar não o que diabo pode fazer para nos perturbar, e sim o quanto Deus faz por aqueles que O amam. Muitos dão mais ênfase ao diabo do que aquilo que Deus faz. Certas igrejas "manipulam" as pessoas com seu "show de horrores" tentando ludibriar os incautos; para isso fazem a "entrevista com o diabo", para depois ele ser "expulso" por aqueles que, supostamente, têm o poder de Deus. Muitos acham que isso é o máximo, no entanto, nós não temos nada com esse falso evangelho nem com esses grupos neopentecostais. O nosso compromisso é com Jesus, o nosso louvor é para Ele e a nossa adoração também. Ponto final.

Portanto, para as perguntas feitas anteriormente, queremos lembrar que Deus está acima de tudo, inclusive do mal. A Teologia trabalha essa temática com o título de "problema do mal". Não vamos nos deter neste assunto, mas vale a pena dar uma palavra significativa sobre o tema.

Erickson (1992, p.184) nos diz que há dois tipos de males, um denominado "mal natural", ou seja, que não envolve a vontade e a ação humana, "[...] sendo um simples aspecto da natureza que parece agir contra o bem-estar dos homens". Ele inclui fenômenos da natureza e doenças graves como câncer por exemplo. E Erickson (1992, p.184) também diz que há o "mal moral" que, segundo ele, "[...] são os males que podem ser atribuídos à escolha e à ação de agentes morais livres." Para ele este tipo de mal pode ser evidenciado nas guerras, nos crimes, na crueldade, na luta, na discriminação, na escravidão e em outras inúmeras injustiças. Segundo Erickson (1992, p. 187), "Embora uma solução completa do mal esteja além da capacidade humana, o mal pode ser um complemento necessário do plano de Deus para nos fazer plenamente humanos ou o meio para um bem maior.".

Já Langston (1999), quando trata deste assunto, faz logo uma pergunta: "Que é o mal?". Segundo Langston (1999, p. 107), "O que Deus criou não era para prejuízo do homem. E sabemos que, às vezes, o que é mal para um é bem para outro. O mal é, então, relativo.". Para ele o mal é um problema do ponto de vista moral e não devemos confundir o mal com o pecado, porque antes do pecado já havia o mal. Ele vê o homem como coroa da criação; um ser livre e moral. Essa liberdade indica que este homem tem a possibilidade de errar e pecar. A liberdade, diz Langston (1999, p.108-110), pressupõe a faculdade de escolha, e isso significa dizer que existiam duas coisas de natureza diferente a serem escolhidas. Não há como escolher alguma coisa quando só há um objetivo. E no caso da tentação no Éden, Adão usou tanto sua liberdade como sua vontade.

Já Berkhof (1996), quando trata deste assunto, entra mais nas teorias filosóficas a respeito da natureza do mal. Segundo esse autor, todas estas teorias têm um defeito radical porque tentam definir pecado sem levar em consideração que o pecado é abandono de Deus (1996, p.230-233). Para Berkhof (1996, p.233), "[...] o pecado é o resultado de uma escolha livre, porém má, do homem". O homem decidiu escolher o mal, e por isso vive dessa forma.

Tudo isso nos mostra o quanto o assunto é extenso. O mal está aí e só terá fim quando Cristo voltar. O que Jesus quer que seus discípulos desenvolvam é uma confiança em Deus e não em si mesmos. Por isso oramos para que Deus nos livre do mal e da tentação.

Para um dos maiores teólogos do nosso tempo, o alemão Dietrich Bonhoeffer (1906-1945), no seu livro Tentação, ele escreveu algo muito profundo, revelando que nem o homem natural nem o homem ético conseguem entender a oração de Jesus. Segundo Bonhoeffer, enquanto o ser humano natural busca a comprovação de sua força na aventura, na luta e no encontro com o inimigo, o ser humano ético desafia o mal como se quisesse provar sua "força do bem" dentro dele. Ou seja, tanto o homem natural como o ético querem provar a própria força, provar que são capazes de vencer sozinhos o mal. E ele diz:

Mas tudo isso não tem nada a ver com a tentação da qual Jesus Cristo está falando. Isso nem chega a tocar a realidade à qual se faz referência aqui. Aliás, na tentação da qual fala toda a Escritura Sagrada não pode, absolutamente, estar em jogo a comprovação da minha força, porque o que constitui a essência da tentação bíblica é justamente o seguinte: para meu próprio susto – e sem que eu pudesse fazer qualquer coisa a favor ou contra isso – todas as minhas forças se voltam justamente contra mim. E mais ainda: realmente todas as minhas forças, inclusive minhas boas e piedosas (forças da fé), caíram nas mãos do poder inimigo e agora são usadas contra mim. (BONHOEFFER, 2007, p.20,21)

Para Bonhoeffer (2007, p.22,23), a hora da tentação é um tempo sombrio, onde todas as nossas forças caem e nossa alma fica indefesa diante de Satanás. Mas isso não significa que o cristão fica totalmente vulnerável; pelo contrário, ele conhece a astúcia satânica, principalmente quando a dúvida surge no coração e alma parece estar perdida; de repente, pecados antigos parecem ressurgir e nos torturam e nos acusam. Sim, quando uma tristeza profunda toma a alma e parece que estamos diante de uma "impotência" de Deus em relação a nós. Bonhoeffer diz que essa é a hora da tentação. Assim, segundo as Escrituras, há apenas duas histórias da tentação: Adão e de Cristo. E ele diz que "[...] ou somos tentados em Adão ou o somos em Cristo. Ou o Adão em nós é tentado; aí será a nossa queda. Ou o Cristo em nós é tentado; aí será a queda de Satanás" (2007, p.25).

Quando Jesus ora, "e não nos deixes entrar em tentação; mas livra-nos do mal", Ele ora sobre o maior desafio do homem, resistir à investida do mal. Jesus sabia o que era ser tentado, podemos ver isto no capítulo 4 de Mateus. Ele sabe que o homem é um ser pecador e tendencioso para o mal. E nesta última parte da oração do "Pai nosso", Jesus nos ensina duas coisas:

O primeiro ensino de Jesus é que **A tentação é algo real, e por esta razão devemos clamar a proteção de Deus.** Jesus ora: "e não nos deixes entrar em tentação; mas livra-nos do mal" (6:13a). Stott (1989), quando comenta este versículo, diz que a Bíblia se refere a "tentação" e a "provação" como duas coisas boas para o cristão (cf. Tiago 1:2). As duas palavras são a mesma no Novo Testamento. E assim vem a pergunta: "Porque orar pedindo livramento se são benéficas?". Stott (1989, p.155) diz o seguinte: "A resposta mais provável é que a oração é mais no sentido de podermos vencer a tentação do que a evitarmos".

O pastor Pedro Moura (2012) aponta que, literalmente, o pedido é que Deus não nos conduza para dentro da tentação. Mas como a Escritura afirma que "[...] Deus não pode ser tentado pelo mal e a ninguém tenta" (Tiago 1:13), ele compreende que Jesus estaria focando não a tentação, mas a provação, que embora seja a mesma palavra no grego possui outra conotação.

Devemos entender, entretanto, que Satanás não age sem permissão de Deus. Quem é o Senhor e Soberano de todas as coisas no Universo é Deus e mais ninguém. Basta ler o início da história de

Jó e você verá que Satanás não agiu independentemente. O que faz as pessoas serem tentadas é o desejo pecaminoso, e isto não provém de Deus: "Mas cada um é tentado quando atraído e seduzido por seu próprio desejo. Então o desejo, tendo concebido, dá à luz o pecado; e o pecado, após se consumar, gera a morte" (Tiago 1:14,15). A tentação em si não se constitui pecado; Cristo foi tentado assim como nós, mas não pecou (cf. Mateus 4:1; Hebreus 4:15). A tentação só se torna pecado quando aceitamos a sugestão para fazer aquilo que é errado.

A provação é uma ação divina, em que Deus permite que passemos por momentos difíceis e que visa o nosso melhoramento. Esta ação divina pode ser vista com clareza nas Escrituras. Por exemplo, a Bíblia diz que Deus colocou Abraão à prova pedindo seu filho em sacrifício (cf. Gênesis 22:1). Jó questiona porque o homem é posto à prova, se para Deus este não é nada (cf. Jó 7:17,18). Paulo ressalta o amor das igrejas da Macedônia, apesar de estarem passando grandes provas e tribulações (cf. 2Coríntios 8:2). E o escritor aos Hebreus ressalta a fé de Abraão e de outros que sofreram provas e foram aprovados por Deus (cf. Hebreus 11:17,36).

Há com certeza uma diferença substancial entre a tentação e a provação. Quando somos tentados o apelo é para que nos deixemos levar pelas obras da carne e ceder aos nossos desejos pecaminosos. Quando estamos sendo provados o nosso caráter está sendo testado a fazer o mesmo que Jesus fez. Na provação temos a chance de andar nos mesmos passos de Jesus. Diferente da tentação, a provação se torna um desafio, um alvo a ser alcançado.

Infelizmente podemos ver entre os cristãos de hoje três posições perigosas quanto a isto. A primeira é daqueles que brincam com o diabo, que se acham fortes demais para vencê-lo, que só se interessam em fazer exorcismos mostrando aos outros o quanto são "poderosos". A segunda é daqueles que em tudo veem o diabo. Se uma gaveta treme, se uma lâmpada queima, ou há alguma discussão, falta de dinheiro, qualquer coisa que aconteça, o culpado é sempre o diabo. A pessoa que vive desta forma cai em uma neurose, onde amarrar, repreender e expulsar são as palavras de ordem. Os crentes que vivem assim não têm sossego na vida. E a terceira posição é daqueles que não se importam mais com o diabo, não porque vivem com Jesus, e sim porque já estão tão envolvidos com o mundo que já não percebem o perigo que os cerca.

Tozer (1987, p. 50) critica firmemente estas atitudes erradas e diz o seguinte: "O mal disso tudo é que é contagioso e depressa torna uma igreja alegre e fiel na adoração a Deus uma multidão de gente alarmada e excitada, gente nervosa e completamente infeliz.". E diz mais: "É sempre errado inverter isto – pôr Satanás no centro focal da nossa visão e empurrar Deus para margem. Nada senão tragédia pode provir de tal inversão" (TOZER, 1987, p. 51). E Tozer está certíssimo. Basta olhar o número de crentes em sanatórios, que perderam a razão porque tiveram uma visão errada do que estamos falando aqui.

Não estamos descartando a visão da batalha espiritual, mas as ideias totalmente antibíblicas sobre este assunto. É verdade, não podemos dar brechas ao diabo, mas também não podemos brincar com ele. A Bíblia nos ensina de sua astúcia e sagacidade. Não podemos fazer o que uma determinada igreja faz: entrevistar o diabo. Existe uma luta, é verdade, mas não vencemos esta luta porque somos bons ou espirituais demais. É clamando pelo Senhor que venceremos.

Jesus aqui nos mostra algumas coisas que precisamos aprender.

- **A tentação é real, porque o mal é real.** Diz assim a Escritura: "Sabemos que somos de Deus e que o mundo inteiro jaz no Maligno" (1João 5:19). Jesus sabia da realidade do mal, conhecia o diabo e foi tentado por ele em todo o seu ministério (cf. Mateus 4:1-11; 16:21-23; 27:35-44). Se sofremos com a tentação é porque o mal está agindo livremente no mundo. Não devemos nos enganar com a ideia que esse mal é apenas um problema que pode ser resolvido com a educação do humana. Somente o Espírito Santo pode mudar o homem, fora isto o mundo continuará em estado de putrefação, mergulhado em toda sorte de malignidades.
- **Só se vence o mal com vigilância e oração.** Jesus faz questão de, não somente advertir a realidade do mal, mas acima de tudo apontar de onde vem o livramento: "[...] mas livra-nos do mal". É em Deus que encontramos o livramento e a força para vencer o mal. Da mesma forma que não podemos brincar com o mal, também não podemos ter medo dele. A vitória é certa porque Jesus já venceu. Para isso devemos vigiar e orar.

O que diz a Palavra?

> Então Jesus foi com os discípulos a um lugar chamado Getsêmani e disse-lhes: Sentai-vos aqui, enquanto vou ali orar. E levando consigo Pedro e os dois filhos de Zebedeu, começou a entristecer-se e a angustiar-se. Então ele lhes disse: A minha alma está tão triste que estou a ponto de morrer; ficai aqui e vigiai comigo [...] Vigiai e orai, para que não entreis em tentação; o espírito está pronto, mas a carne é fraca. (Mateus 26:36-38,41)

Essa passagem mostra o Senhor Jesus na sua luta antes do Gólgota em que Sua alma estava mergulhada numa profunda angústia. Era uma luta decisivamente interna, onde Sua natureza humana se viu pressionada pelo terror e pelo desalento. Jesus sabia que estava ficando sozinho, que todos Lhe abandonariam, assim como alguns já o tinham feito (cf. João 6:66). Mas o pior era pensar que o próprio Deus o abandonaria a ponto de gritar do alto da cruz: "Por volta da hora nona, Jesus bradou em alta voz: Eli, Eli, lamá sabactani? Isto é, Deus meu, Deus meu, por que me desamparaste?"

(Mateus 27:46). Como Jesus venceria esse momento? Não era pela força humana, mas pela oração que O levava a uma submissão completa e total.

Se nessa hora Jesus experimentou a debilidade de Sua natureza humana e isso O levou a orar, devemos seguir o mesmo exemplo, pois Ele mostra-nos o caminho que devemos seguir quando nossas forças acabam. É por isso que a carne é fraca; ela não pode vencer batalhas espirituais. Somente quem está espiritualmente conectado com Deus pode receber o favor de Deus para vencer.

O apóstolo Paulo vai dizer aos coríntios: "Assim, aquele que pensa estar em pé, cuidado para que não caia" (1Coríntios 10:12). Aqui encontramos uma solene advertência contra a confiança em si mesmo. Não há nada pior na vida espiritual do que orgulhar-se em si mesmo.

Por isso Paulo diz: "Vigiai, permanecei firmes na fé, portai-vos corajosamente, sede fortes" (1Coríntios 16:13). Vigiar aqui – do grego *Grêgoreîte* (Γρηγορεῖτε) – aponta para a ação de estar alerta, um mandamento para uma ação habitual. Na vida cristã não há espaço para a negligência, pois não estamos num parque de diversões, mas num campo de batalha. E o que se espera de um soldado? Que ele se porte de forma corajosa. É interessante aqui que a palavra grega *andrizesthe* (ἀνδρίζεσθε), "conduzir-se corajosamente", também implica em "agir como um homem"[24].

Noutra exortação Paulo declara: "Perseverai na oração, nela permanecendo atentos com ações de graças" (Colossenses 4:2). Estar atento aqui no original grego é a mesma raiz de 1Coríntios 16:13. Quem sabe Paulo, lembrando-se do sono dos discípulos no monte da transfiguração, lembra à Igreja de Colossos da importância de aliar oração e vigilância.

O apóstolo Pedro também advertiu: "Tende bom senso e estai atentos. O Diabo, vosso adversário, anda em derredor, rugindo como leão que procura a quem possa devorar" (1Pedro 5:8). Esse versículo é muito conhecido, mas pouco compreendido em sua amplitude. Diversas vezes no Novo Testamento encontramos advertências semelhantes, principalmente em contextos escatológicos (cf. Marcos 13:33-35; 1Coríntios 16:13; 1Tessalonicenses 5:6). Aqui Pedro usa o vocábulo *Nêpsate* (Νήψατε), que já mencionou em 1:13 e 4:7. Essa palavra no grego traz a ideia de autocontrole e a clareza mental que acompanha essa atitude. A palavra designa alguém que não está embriagado e que por isso está alerta, com a mente não afetada pelo álcool, com o pleno domínio de sua capacidade racional.

A segunda palavra aqui importante é *grêgorêsate* (γρηγορήσατε) e significa "ficar acordado, vigiar" e novamente aparece aqui; indica a atitude de esperar de olhos abertos, acompanhando o que se passa. Russell Shedd (1999, p.89)vai afirmar o seguinte sobre essas duas palavras: "A primeira

---

24 Na tradução grega do Antigo Testamento (LXX) a palavra é comum em exortações (cf. Josué 1:6,7,9). Aristóteles na sua *Ética a Nicômaco*, usa a palavra para descrever a coragem como o meio termo entre o temor e a confiança.

refere-se à maturidade, evitando desenfreados altos e baixos emocionais de desespero. A vigilância [...] pode ser mais bem compreendida como lucidez acompanhada de consciência de perigos sutis e ocultos" (SHEDD, 1999, p.89).

A vida cristã é exatamente o contrário de uma vida desleixada e preguiçosa. O cristão sabe que viver a fé não é algo tão simples e tão fácil; pelo contrário, na medida em que assumimos a cruz de Cristo, há um imperativo moral que conflita com os interesses do mundo. Desse modo, viver em Cristo passa a ser uma luta contra nossos desejos carnais, contra a cultura maculada pelo pecado e contra as pessoas que, influenciadas pelo diabo ou pela cultura, "[...] acham estranho que não vos juntais a eles na mesma carreira desenfreada de licenciosidade e vos difamam" (4:4).

E por que temos que nos manter vigilantes? Porque "[...] O Diabo, vosso adversário, anda em derredor, rugindo como leão que procura a quem possa devorar" (5:8b). Esse inimigo é real e deve ser levado a sério. Pedro usa o termo *diabolos* (**διάβολος**), que significa "acusador, difamador, aquele que traz confusão". O Diabo é um ser espiritual pessoal e não uma lenda ou figura mitológica. Ele está em ativa rebelião contra Deus e lidera uma hoste de demônios (cf. Mateus 4:1-11; 13:39; 25:41; Apocalipse 12:9). Portanto, seu alvo é atrapalhar a obra de Deus, destruir os filhos de Deus e impedir a propagação do Evangelho.

Pedro o chama aqui de "adversário" ou *antidikós* (**ἀντίδικος**), e a palavra descreve alguém que acusa no tribunal (cf. Apocalipse 12:10). Ele anda "[...] em derredor, rugindo como leão que procura a quem possa devorar". Vale salientar que o texto não diz que o Diabo é um leão, mas como um leão; ou seja, mostrando sua ação contra os servos de Deus. Seu rugido pode apontar para as acusações e difamações contra o povo de Deus. Isso pode ser visto na palavra grega *katapiein* (**καταπιεῖν**), que aponta para animais que engolem suas presas. Isto é, a ação do Diabo é tentar dissuadir a fé dos cristãos.

Assim, só teremos vitória sobre a tentação, a partir do momento que agirmos como crentes fiéis e verdadeiros, naquele que nos protege.

Uma segunda lição que Jesus no ensina na oração é que **A proteção de Deus é sem igual porque Ele tem tudo em suas mãos.** Jesus termina a oração: "... pois teu é o reino, o poder e a glória para sempre. Amém!". Se há algo que devemos ficar tranquilos, é quanto à proteção divina. Não há nada semelhante a Deus, nada que se possa equiparar ao Seu Poder, nem à Sua Glória.

Vemos aqui, nesta doxologia final da oração do "Pai nosso", uma verdade inconteste: **TUDO PERTENCE A ELE, POR ISSO PODEMOS CONFIAR EM SUA PROTEÇÃO**.

**Quem manda afinal?**

Às vezes seremos tentados a crer que Deus nos abandonou, que estamos sozinhos e que vamos perder, não somente a batalha mas também a guerra. Isso acontece principalmente com aqueles que veem em Deus mais um "gênio da lâmpada" do que um Deus que age em Sua soberania. Ao proclamar Seu reino, poder e glória, não podemos duvidar que quem manda, de fato, é o Senhor.

Quem coloca sempre dúvida no coração humano é o diabo, e é triste ver que alguns cristãos se deixam enganar por essas mentiras diabólicas. Será que você também não age assim? Pensando que às vezes Deus o largou à própria sorte? O que falta para muitos cristãos é conhecimento da Palavra. Bem falou Jesus: "[...] Acaso não errais por não conhecer as Escrituras nem o poder de Deus?" (Marcos 12:24).

Precisamos ler mais a Palavra, pois quando lemos e nos deparamos com as promessas do Senhor, sabemos, assim como Jesus, a quem servimos, a quem amamos e a quem oramos. Falta em nossas orações esta consciência da pessoa de Deus. Jesus queria mostrar aos discípulos que por maior que fosse o mal, Deus é superior.

Para grandes males, grandes remédios. Precisamos pregar algo mais que meras palavras secas, mais que meras generalizações; é necessário que possamos falar de algo concreto e específico. Talvez para crianças agitadas seja necessário um xarope de maracujá como tranquilizante; mas para adultos necessitamos de um tônico de ferro, e não conhecemos nada melhor para infundir vigor espiritual em nosso ânimo que uma compreensão espiritual do pleno caráter de Deus. Está escrito: "[...] o povo que conhece seu Deus resistirá com firmeza" (Daniel 11:32).

**POIS TEU É O REINO - UMA OBSERVAÇÃO.**

Geralmente se sustenta que essa parte da oração não aparece nos manuscritos mais antigos, de modo que segundo as regras da evidência textual, essa parte não estaria no Pai Nosso. Entretanto, sem querer entrar na discussão se essa parte deveria estar ou não, vale a pena salientar com justiça que, de uma maneira ou de outra, essa doxologia aparece em algumas versões muito antigas. Além disso, a *Didaqué*, que muitos consideram como um produto do cristianismo do segundo século contém a conclusão numa forma abreviada: "porque teu é o poder e a glória para sempre". Ou seja, essa parte seria uma forma responsiva, onde o dirigente do culto falava e esperava que a Igreja concluísse com o "amém".

É verdade que durante os cultos de adoração, tanto Israel como a Igreja incluíam nas celebrações doxologia de forma responsiva sob a liderança do dirigente de culto.

O importante é que as palavras da doxologia não contradizem o ensino bíblico, sendo, portanto, legítimo seu uso e uma conclusão adequada para essa oração.

Convém dizer enfaticamente que o coração só pode encontrar conforto e alegria na bendita verdade da Soberania absoluta de Deus enquanto exercite sua fé. A fé se ocupa continuamente de Deus. Esse é seu caráter; isso é o que a diferencia da teologia intelectual. A fé se sustém "[...] como vendo o Invisível" (Hebreus 11:27); suporta as decepções, as dificuldades, e todos os pesares da vida, reconhecendo que tudo vem da mão Daquele que é infinitamente sábio para errar e infinitamente amoroso para ser cruel. Se atribuirmos as coisas que ocorrem a qualquer outra causa que não seja Deus mesmo, não haverá repouso para o coração nem paz para o espírito. Mas se recebemos tudo quanto afeta as nossas vidas como de Sua mão, então, sejam quais forem às circunstâncias que nos rodeiam, tanto se estivermos numa cabana ou numa masmorra, ou até mesmo na fogueira do martírio, nos será dado o poder de dizer como o salmista Davi: "As divisas caíram para mim em lugares agradáveis: Tenho uma bela herança!" (Salmo 16:6). E aqui a linguagem é da fé, e não o que é visto com os olhos e sentido pelo corpo.

John Stott vê nesta doxologia um tributo a Trindade. E é desse Deus Triúno que pertencem o reino, o poder e a glória. Ele é o nosso eterno Pai, Soberano e Único SENHOR. Confira em sua Bíblia esses atributos do Deus Eterno:

"**Pois teu é o reino** (Êxodo 15:18; 2Crônicas 20:6; Salmos 10:16; 22:28; 24:10; 95:3; 1Timóteo.1:17; Apocalipse 19:6 ), **o poder** (1Crônicas 29:12; 2Crônicas 25:8; Jó 26:12; Salmos 62:11; 65:6; 93:4; Naum 1:3; Romanos 16:25-27) **e a glória** (Êxodo 24:17; 40:34; 1Reis 8:11; Salmos 8:1; 19:1; Lucas 2:9; Atos 7:55; 2Coríntios 3:18) **para sempre. Amém.**"

Você e eu podemos confiar nesse Deus que é Rei Soberano, que é Poderoso, revestido de glória, esse Deus que sabe agir no momento certo, na hora certa. É o que nos diz Paulo: "Não veio sobre vós nenhuma tentação que não fosse humana. Mas Deus é fiel e não deixará que sejais tentados além do que podeis resistir. Pelo contrário, juntamente com a tentação providenciará uma saída, para que a possais suportar" (1Coríntios 10:13).

Quantas vezes ficamos desesperados, achando que estamos sozinhos na luta. Fique em paz, pois podemos confiar na proteção do Senhor. Diante das lutas, das investidas do mal, busque em Deus a sua proteção. Creia que Ele é e sempre será fiel. Você não está sozinho. Vigie e ore: "e não nos deixes entrar em tentação; mas livra-nos do mal"; e glorifique a Deus: "pois teu é o reino, o poder e a glória para sempre. Amém".

# Conclusão

Essa é a oração do "Pai nosso". Ela é mais do que um exemplo de oração; é na realidade um manual de como devemos conversar com Deus, que nos ensina quem Ele é, o Seu reino, a Sua vontade, o Seu cuidado, o Seu perdão e a Sua proteção. O desafio para nós hoje não é simplesmente ler essa oração, e sim meditar naquilo que o Senhor Jesus queria dizer. Alguém já falou que muitos conhecem o Salmo do Pastor (Salmos 23), mas poucos conhecem o Pastor do Salmo. Poderíamos até plagiar isso, dizendo que muitos conhecem a oração do "Pai nosso", mas poucos conhecem o Pai da oração. Jesus falava Dele e com Ele porque O conhecia.

Isso é oração. Orar é muito mais que falar alguma coisa. Às vezes, eu creio, Deus preferiria que muitos ficassem em silêncio a ficar falando palavras ao vento. E estamos falando aqui o que o próprio Jesus condenou: orar sem objetivos, sem consciência, sem conhecimento. O desejo do Senhor era que os seus seguidores fossem diferentes dos fariseus e dos pagãos. Se os fariseus eram hipócritas e egoístas, e os pagãos eram tagarelas e irracionais, os cristãos devem agir de outra forma. Como Stott (1989) mesmo comenta Deus não se deixa impressionar com a verborragia. O que observamos aqui é que a oração do cristão é teocêntrica, ou seja, preocupada com a glória de Deus, e inteligente como expressão de uma dependência racional.

Falta isso na oração. Quantos de nós oramos e, ao mesmo tempo em que falamos, nos perdemos em nossa mente? Por quê? Porque não temos em mente a Palavra de Deus formando a imagem do Senhor, nos lembrando do Seu caráter e Sua pessoa. Falta para nós cultivarmos a presença de Deus. Para muitos cristãos, eles oram, mas não sabem para quem estão orando. Essa atitude mostra o quanto não conhecem a Deus profundamente. Devemos buscar conhecer ao Senhor cada vez mais e não viver o cristianismo como simplesmente uma opção de vida.

Estamos falando de um princípio básico da vida cristã. Oração é comunhão, é entrega, é disposição, é vida. Quando buscamos a Deus em oração, com uma consciência clara da pessoa do Senhor e entendemos que isto é um momento muito especial, então começamos a vislumbrar a profundidade deste ato. Para o cristão a oração deve ser de fundamental importância. Mas é justamente aqui o grande erro da nossa geração. Queremos barulho, show, aplausos, luzes e festa. A nossa geração é epidérmica, não conhece nada além de meras palavras. Falta-nos profundidade.

Fico imaginado Elias no Horebe. Ele viu muita coisa: um forte vento, um terremoto, um fogo e Deus não estava presente nestes acontecimentos. De repente um suave vento e, aí sim, Deus estava presente. E com reverência Elias se prostra diante do Senhor. Sim, orar não é meramente fazer barulho. Por vezes Deus fala conosco só que não ouvimos. Ele fala de forma suave, tentando aquietar os corações angustiados, só que não percebemos. Por vezes fazemos como Samuel, Deus fala e pensamos que Eli fala conosco. Estamos comentando essas coisas porque os crentes deixaram de orar sozinhos, de buscar a presença do Senhor com reverência, devoção e amor.

Infelizmente o que mais importa para muitos crentes hoje é os cultos de poder, as orações milagrosas e os ungidos. E assim esquecemo-nos de fechar a porta do nosso quarto, de buscar a Deus em secreto como ensinou Jesus (Mateus 6:5-8). Faltam-nos disponibilidade e vontade de orar. Orar com os outros parece ser mais fácil e mais cômodo também. Não podemos continuar desta forma. Ou mudamos a nossa atitude diante de Deus, ou ficaremos piores do que estamos. Deus ouve a oração que brota do coração, que vem com a profundidade da alma, cheia de devoção para com o Senhor da glória.

O objetivo desse livro é devocional e o nosso desejo é ver o povo de Deus tendo uma nova noção de comunhão com o Senhor. Creio que o Senhor tem ainda muito a falar conosco. Nesses dias é desejo Dele ver o seu povo mais comprometido. Irmãos já é tempo de despertarmos e vivermos a profundidade do evangelho do Senhor Jesus. Orar é preciso. Muito mais, orar de forma consciente, para não ficarmos falando com ninguém. Esperamos que este livro possa tê-lo ajudado a compreender um pouco mais sobre a oração do "Pai nosso".

A Deus toda Glória!

"A verdadeira oração cristã sempre consiste numa preocupação com Deus e sua glória"

John Stott

## REFERÊNCIAS

A Bíblia Vida Nova; Editor responsável: Russell P. Shedd; Traduzida em Português por João Ferreira de Almeida; Edição Revista e Atualizada no Brasil; São Paulo: Ed. Vida Nova; Brasília: Sociedade Bíblica do Brasil, 1996.

BARCLAY, William. El Padre Nuestro. Buenos Aires, Ediciones La Aurora, 1985.

BERKHOF, Louis. Teologia Sistemática. 4ª ed. Campinas, Luz Para o Caminho, 1996.

BONHOEFFER, Dietrich. Tentação. São Leopoldo, Sinodal, 2007.

COSTA, Herminsten Maia Pereira da. O Pai Nosso – Temas teológicos analisados a partir da oração ensinada por Jesus. São Paulo, Editora Cultura Cristã, 2001.

D'ARAÚJO, Caio Fábio Filho. Perdão: Encarnação da Graça. 7ª ed. Venda Nova, Editora Betânia, 1993.

ESTADÃO, Blogs João Bosco Rabello, Política direto de Brasília. Disponível em http://politica.estadao.com.br/blogs/joao-bosco/a-oracao-da-propina/. Acesso em 06ago2015.

ERICKSON, Millard J. Introdução à Teologia Sistemática. 1ª ed. São Paulo, Vida Nova, 1992.

GONZALEZ, Justo L. A era dos reformadores. São Paulo: Vida Nova, 2005.

GRUDEM, Wayne. Comentário bíblico de 1Pedro. São Paulo, Vida Nova, 2015.

HARRIS, Laird R., ARCHER, Gleason L., WALTKE, Bruce K. Dicionário Internacional de Teologia do Antigo Testamento. 1ª ed. São Paulo, Vida Nova, 1998.

LANGSTON, A. B. Esboço de Teologia Sistemática. 8ª ed. Rio de Janeiro, JUERP, 1986.

MOURA, Pedro. Oração do Pai nosso; A voz unânime da igreja. Rio de Janeiro, Editora Moura, 2012.

PORTAS ABERTAS. Indiana enfrenta dificuldades, mas não abandona a fé. 2015a. Disponível em < https://www.portasabertas.org.br/noticias/2015/10/indiana-enfrenta-dificuldades-mas-nao-abandona-a-fe> Acesso em 17out2015.

_____. Iraquiana cristã experimenta o poder da oração. 2015b. Disponível em < https://www.portasabertas.org.br/noticias/2015/10/iraquiana-crista-experimenta-o-poder-da-oracao> Acesso em 17out2015.

RIENECKER, Fritz, ROGERS, Cleon. Chave linguística do Novo Testamento grego. São Paulo, Vida Nova, 1988.

SHEDD, Russell P. Nos passos de Jesus – Uma exposição de 1Pedro. São Paulo, Vida Nova, 1999.

STOTT, John R. W. A mensagem do Sermão do Monte. 2ª ed. São Paulo, ABU Editora, 1989.

TOZER, Aiden Wilson. A Conquista Divina, A necessidade de ter Cristo como Senhor na vida. 2ª ed. São Paulo, Mundo Cristão, 1987.

_____. Esse Cristão Incrível, Instruções para quem deseja seguir e conhecer o Senhor em profundidade. 2ª ed. São Paulo, Mundo Cristão, 1989.

_____. Born after midnight. Chicago, Moody Publishers, 1987.

_____. O Poder de Deus, Conhecendo a ação de Deus em sua vida. 3ª ed. São Paulo, Mundo Cristão, 1995.

Printed by Books on Demand GmbH, Norderstedt / Germany